KB116684

나는 스스로를
페미니
스트라
부른다

나는 스스로를 페미니스트라 부른다

30대 이하 25명의 여성이 말하는,
〈내가 페미니스트인 이유〉

빅토리아 페프 외 엮음
박다솜 옮김

I CALL MYSELF A FEMINIST
Edited by VICTORIA PEPE, RACHEL HOLMES, AMY ANNETTE, MARTHA MOSSE AND ALICE STRIDE

일러두기
별도의 표시가 없는 모든 주는 옮긴이주이다.

이 책은 실로 꿰매어 제본하는 정통적인 사철 방식으로 만들어졌습니다.
사철 방식으로 제본된 책은 오랫동안 보관해도 손상되지 않습니다.

스스로를 페미니스트라 부르는
모든 사람들에게 바친다.
그 사실을 소리 내어 말하든 아니든.

차례

서문   9

여자치고 잘했다는 말이 충분하지 않은 이유   17

페미니스트는 내 운명   29

페미니즘을 향한 나의 여정   37

핫스퍼: 슈퍼우먼   45

일어나서 참여하라   53

나는 왜 페미니스트가 되었는가   63

우리는 소리 없이 비명을 지른다   73

페미니스트 교차성을 위한 선언문   87

이건 페미니스트의 호들갑이 아니다: 여성을 침묵시키는   95
언어

나는 스스로를 페미니스트라 부른다   107

우리 세대의 이야기   121

로티 카마나: 어떤 생존담   131

나는 팔꿈치로 스스로를 페미니스트라 부른다   141

전형적인 엔지니어   157

이슬람이 내 페미니즘이요, 페미니즘이 내 이슬람이다   169

천장을 응시하며: 예스/노 너머의 문제   181

인권법을 지켜 내야 할 이유: 여전히 투쟁하고 있는   193
아이들과 어머니들을 위해

당신은 스트리퍼거나, 제모를 합니까?   203

연결이 전부다   211

까다롭고 사귀기 어려운 연애 칼럼니스트   221

쓰레기처럼 굴 권리   231

착한 여자는 이제 안녕   243

말이 뭐라고   253

나는 왜 스스로를 페미니스트라 부르는가   261

남성이 페미니즘을 위해 할 수 있는 일   271

필진 소개   281
글 저작권   291
도움 주신 분들과 글   293
옮긴이의 말   301

서문

에이미 애넷, 마사 모스, 앨리스 스트라이드

페미니즘이 이미 정점을 찍었다고 주장하는 사람들이 있다. 페미니즘은 이제 하락세를 타고 있다고, 페미니즘 운운하는 얘기들이 벌써 지겨워서 더는 듣고 싶지 않다고.「페미니즘이 더 필요하다니, 말이 돼? 이미 질리도록 들었는걸. 이제 페미니즘 문제는 해결된 게 맞지? 트위터에서 온종일 〈쉴 새 없이〉 페미니즘 얘기를 하고 있잖아. 나는 그냥 평화롭게 소시지 빵이나 먹으면서 〈하우스 오브 카드〉를 보고 싶다고.」

페미니스트로 살다 보면 진이 빠질 수 있다. 플립플롭을 신은 채 납으로 만든 여행 가방을 끌고 산을 오르는 것처럼. 우리 모두가 알다시피 페미니스트가 되기 전 인생은 — 아마도 — 한결 단순했다. 모르는 게 약이고, 바에 올라 춤을 추는 건 분명 신나는 일이니까 —

에머 오툴이 『가디언*Guardian*』에 기고한 글 「페미니즘
이 망친 내 인생의 열 가지Ten things feminism has ruined
for me」에서 회상하듯이 말이다.

그러나 한편으로 우리는 뼛속 깊은 곳에서부터 페미
니즘의 필요성을 느낀다. 산소나 물과 같이 페미니즘
은 필수적이다. 성차별에 맞닥뜨렸을 때, 우리는 식수
를 갈구하듯 페미니즘을 갈망한다. 터무니없고 노골적
인 성차별은 어디선가 갑자기 날아온 축구공처럼 당신
의 머리를 가격해 비명을 내지르게 한다. 「이건 명백한
성차별이잖아!」 반대로 쉽사리 인지되지 않는, 덜 명백
하고 덜 노골적인 종류의 성차별도 있다. 영 잡히지 않
고 줄곧 성가시게 윙윙거리는 파리와도 같은 성차별.
그게 바로 우리에게 페미니즘이 필요한 이유다.

소녀들이 학교에 다닌다는 이유로 머리에 총알을 맞
기 때문에 페미니즘이 필요하다. 여자들이 남성의 괴
이쩍은 욕구에 부응하길 거부한다는 이유로 산 채로 화
형당하기 때문에 페미니즘이 필요하다. 여성들이 아내
혹은 어머니로서의 삶 이외의 모든 영역에서 얕잡히기
때문에 페미니즘이 필요하다. 영국 여성 다섯 명 중 한
명은 성폭력을 경험하며 그로 인해 비난당하고 손가락

질받기 일쑤이기 때문에 페미니즘이 필요하다. 우리 자궁의 기능을 위해 세금을 내야 하기 때문에 페미니즘이 필요하다. 여성의 몸이 여전히 감독당하고, 검사당하며, 집착의 대상이 되기 때문에 페미니즘이 필요하다. 이것 말고도 페미니즘이 필요한 이유는 무한히 많은데, 이 역시 그 자체로 페미니즘이 필요한 또 하나의 이유인 셈이다.

많은 젊은 여성뿐 아니라 남성에게도 페미니즘이 필요하다. 우리에게는 소외와 배제가 없는 평등한 사회와 세상을 만들기 위해 싸울 동기가 필요하다. 지금은 젊은 페미니스트로서 신나게 살 수 있는 시대다. 세상은 페미니즘으로 고동치며 밝은 빛과 사과 토피 사탕이 가득한 페미니스트 마당이 펼쳐져 있다. 오늘날 페미니스트가 되는 건 멋지고, 활기차고, 섹시한 일이다. 1970년대의 페미니스트들이 꿈만 꿨던 아이디어와 자원과 사상이 모두에게 열려 있고, 그것을 널리 퍼뜨릴 수 있는 인터넷이라는 놀랍고 개방적인 플랫폼도 있다. 세계 각지에 아군이 존재하며 페미니즘은 더 이상 〈그깟 여성 문제〉로 치부되지 않는다.

그래서 리사 아피그나네시, 레니 구딩스, 레이철 홈

스, 수지 오바크가 책을 한 권 펴내자고 제안했을 때 우리는 두 팔 벌려 〈좋아요!〉하고 답했다. 시기도 안성맞춤이었고, 앨리스의 에세이 「수풀 살리기Saving the Bush」가 실린 2013년 작품 『페미니즘의 50가지 그림자*Fifty Shades of Feminism*』가 큰 성공을 거둔 덕분에 이런 책에 대한 수요가 있다는 사실도 알고 있었다. (앨리스의 여동생은 자신의 음모[陰毛]에 대해 온 세상이 알도록 글을 쓴 언니를 마침내 용서했다고 한다.) 단, 이번엔 필자들을 전부 30세 이하로 구성했다. 젊은 페미니스트들을 대변하고자 한 것이다. 각자 트위터 필명만큼이나 독특한 정체성을 지녔다는 공통점만으로 연대하고 있는 이 세대의 목소리를 들어 보고 싶었다.

하지만 이 책은 특정한 〈유형〉의 젊은 페미니스트만을 위해 쓰이는 게 아니라, 모든 것을 아울러야 했다. 열여덟 살 때 친구들과 방문한 휴양지에서 혈관에 피 대신 럼주와 콜라를 채우고 〈전략적 구토〉라는 새로운 재능을 찾게 만든 식음료 무한 리필 서비스처럼 말이다. 우리의 필자들은 — 몇몇은 아직 10대인데도! — 비범하고, 멋지고, 찬란하다. 또한 짜릿할 만큼 고유한 목소리와 배경과 감수성을 지녔다. 온갖 종류의 흥미로운 소재를 각양각색의 관점에서 아우른 이 책은 젊은 여성들과 그들이 품은 훌륭한 아이디어의 환상적인 뷔페라고 할 수 있다. 히잡, 페미니스트 과학자, 페미니즘과 종교, 비만의 페미니즘, 언어와 성차별, 섹스, 자아, 여성 참정권 운동까지!

우리는 어떤 책을 만들어야 할지 단번에 감을 잡았다. 그보다 어려운 건 제목을 정하는 일이었다. 이 책이 사람이라면 첫 여섯 달 동안은 이름 없이 그냥 〈아기〉라고 불렸으리라. 그렇다면 제목을 『나는 스스로를 페미니스트라 부른다』로 정한 까닭이 무엇이냐고? 바로 이 책이 모든 곳의 모든 사람을 위한 책이자 한 편의 선언문이기 때문이다. 〈나는 스스로를 페미니스트라 부른다〉는 능동적이고 개인적이며 강력한 문장이다. 페미니스트의 사고방식을 스스로의 일부로 — 우리를 우리로 만드는 수많은 기벽과 흥미 중 하나로 선택하겠다는 선언. 우리는 페미니스트로 태어난 게 아니라 페미니스트가 된 것이다. 이러한 주인 의식에는 의미가 있는바, 〈페미니스트〉라는 용어가 현재 포위당해 있기 때문이다. 이 단어는 너무 포괄적이고 광의적이라는 이유로 버림받았으며, 자신은 페미니스트가 아니라고 거부하는 사람도 많다. 『나는 스스로를 페미니스트라 부른다』로써 우리는 페미니즘을 둘러싼 논란에 맞서고자 한다.

모든 독자가 이 책에서 무언가를 얻어 가길 바란다. 배 속이 요동치고 맥박이 빨라질 만큼 공감 가는 에세이를 적어도 한 편은 발견하길 바란다. 이 책을 친구들과 가족에게 안겨 주면서 〈이거야! 여태 내가 하고 싶었던 말이 정확히 이거라고! 내 말이 이 말이야!〉라고 외치고 싶어지길 바란다.

이 책을 만들면서 우리는 ― 편집자들끼리, 그리고 위대한 필자들과 함께 ― 연대감을 느꼈다. 우리는 모두 페미니즘 아래 하나다. 우리는 바깥세상에 한 무리의 젊은 페미니스트들이 있음을 안다. 〈우리〉는 바로 당신이다. 이건 당신을 위한 책이며 또한 우리를 위한 책이다.

〈페미니즘〉이라는 단어를 되찾아야만 한다. 우리에겐 정말 심각하게 〈페미니즘〉이 필요하니까. 통계에 따르면 스스로를 페미니스트로 규정하는 여성은 미국에서 고작 29퍼센트, 영국에서는 42퍼센트에 그친다고 한다. 잠깐 여성분들, 대체 페미니즘이 뭐라고 생각하는 거죠? 〈여성 해방〉의 어떤 부분이 마음에 안 드시나요? 투표할 자유가 있다는 것? 당신이 남편에게 종속되지 않을 권리가 있다는 것? 동일한 임금을 위한 운동? 마돈나의 노래 「보그Vogue」? 청바지? 설마 이 훌륭한 것들이 당신을 거슬리게 한 건가요? 아니면, 설문 조사에 답할 때 혹시 만취 상태였나요?

케이틀린 모란, 『아마도 올해의 가장 명랑한 페미니즘 이야기 *How to be a Woman*』

코치는 나더러 계집애처럼 뛴다고 했다. 나는 그에게 조금만 더 빨리 달리면 당신도 계집애처럼 뛸 수 있을 거라고 대꾸했다.

미아 햄

15

당신이 무엇을 선택하든, 얼마나 많은 길을 가든, 숙녀가 되지 않겠다고 마음먹길 바란다. 규칙을 깨고 다소 말썽을 일으킬 방법을 찾길 바란다. 그 말썽 가운데 몇몇은 여자들을 위한 것이길 바란다.

노라 에프론

여자치고 잘했다는 말이
충분하지 않은 이유

———

하자르 J. 우들랜드

이 글을 남자처럼 한번 써보겠다. 내겐 두 개의 선택지가 있다. 첫째, 모든 독자에게 나의 논리를 납득시키려 고심하며 완벽한 글을 목표로 쓴다. 둘째, 단순히 내 의견을 제시하고 적당한 기준을 충족하는 글을 쓴다.

21세기인 지금까지도 남자처럼 일한다는 말은 긍정적 함의를 지닌다. 유능하고, 이성적이고, 자신감 있는 태도로 요령 있게 일한다는 것. 반면 여자처럼 일한다는 말은? 이 말에 담긴 의미를 쇄신하려는 광고 캠페인이 여럿 있었음에도 불구하고 여자 같다는 말은 여전히 모욕으로 사용된다. 여자 같은 글이란 또 어떠한가? 질질 늘어지고, 감성적이고, 근거가 부족한 글.

어떤 남자들은 어찌나 스스로를 믿고 자신의 기량을 확신하는지, 과제 수행이나 문제 해결에 실패하면 깜짝 놀라기까지 한다. 나는 그들이 부럽다. 〈자기야, 내게 맡겨 봐〉라며 다가와서는 문제가 쉽게 풀리지 않으면 단번에 〈설계의 결함〉으로 치부해 버리는 남자들. 그들의 자신감은 성차별에서 비롯한 것이 아니라, 지난 수천 년에 걸쳐 남성 역할 모델과 문제 해결자와 전문가들을 보며 내재적으로 품게 된 것이다.

영국 국적의 백인이되 절반은 이란인이고 종교는 수니파 이슬람이라는 흔치 않은 혼종으로서, 나는 남자의 의견이 여자의 의견보다 더 중하다고 교육받았다. 남자가 나 대신 결정을 내리고 신에 답할 수 있다는 믿음. 20대 초반에 이르자 나는 성장기에 종교가 걸림돌이 되었음을 이해하고 극복하려 애썼지만, 내 안의 여성 혐오를 비로소 도마에 올린 건 고작 5년 전이었다. 내 안에는 착한 여자 혹은 〈여자치고 괜찮은〉 사람이 되는 것에 만족하는 아이가 있었다. 아직 솜털이 보송보송하며 서툴고 무책임한 여자아이. 그 아이를 끄집어내야 했다. 내가 〈밥Bob〉이라고 이름 붙인 이 여성스러운 소녀는 여성의 두뇌가 가진 한계를 믿는다. 그녀는 내가 심각한 내용의 이메일을 쓰면서 충격을 완화하고자 스마일 이모티콘을 덧붙이는 이유고, 나 자신

의 능력과 의견과 결정을 의심하는 이유다. 어서 그녀
가 썩 꺼졌으면!

남녀를 비교하는 유해한 관습은 어릴 적부터 시작된
다. 여자가 특정 분야에서 성공할 수 없다는 생각이 공
고해지는 건 학교에서다. 〈여자치고〉라는 개념을 내게
처음 주입한 사람은 수학 선생님이었다. 내가 9학년 시
험에서 3등을 하자 그는 〈여자치고 잘한다〉라며 칭찬
했다. 내가 남자애들만큼 잘해 내리라는 기대가 없다
는 사실을 알자 〈여자치고 잘하는 것〉만으로도 내겐 충
분해졌다. 무언가에 실패했을 때 노력이 부족했다고
반성하는 대신 나의 성별을 탓할 수 있다는 걸 처음 깨
달은 순간이었다.

여섯 살짜리 조카는 학교의 〈모자 쓰는 날〉 행사에
보안관 모자를 쓰고 뿌듯한 얼굴로 참석했다. 그걸 본
학부모 몇몇이 여자애치고 특이한 선택이라며 가볍게
논평했다. 그 말은 이상하고, 아무리 무해해 보일지라
도 반복을 통해 유해해진다. 자신의 결정과 흥미에 대
해 자꾸 여자답지 않다는 평을 듣는 소녀들은 인생을
직접 선택하고 개척하고 열정을 좇을 의지를 잃기 십상
이다. 교사와 부모들에게는 소녀들과 젊은 여성들이

듣는 유해한 말들을 뿌리 뽑을 힘이 있다. 남성이 여성보다 우월하고 지혜롭다는 과거의 내 믿음을 처음 흔든 사람도 선생님이었다. 페미니스트였던 그 선생님은 텔레비전 고치는 일을 학급 남자애에게 부탁하려던 내게 그러지 않아도 된다고 말해 주었다. 또 다른 페미니스트 선생님은 강간 문화와 피해자를 탓하는 사회적 분위기에 대해 심도 있게 설명해 주었다. 이 강인한 여성들 덕분에, 학교를 졸업할 즈음 나는 그동안의 믿음과 내면의 여성 혐오에 의문을 제기하기 위한 첫 몇 걸음을 내딛은 뒤였다.

〈여자치고〉라는 말은 너무나 자주 칭찬으로 쓰이는 동시에 실패와 안주의 면죄부가 된다. 〈여자치고〉 잘하는 게 목표라면 그 이상 노력할 이유가 있을까? 남자만큼 잘해 내지 못하는 여자들은 미모를 가꾸고 결혼을 하고 아이를 낳으면 된다. 승부욕, 허세, 사회적 압박 — 무엇이라 부르든 남성의 무능은 젠더와 거의 무관하게 여겨진다. 남성들도 〈남자치고 섬세하다〉거나 〈남자치고 뜨개질을 잘한다〉는 말을 듣지만, 이런 한계가 여성의 한계만큼 전 지구적 지형에 영향을 미치지는 않는다. 〈남자치고〉 바느질에 능하기 때문에 세계적 지도자나 CEO가 되지 못하는 남자는 없지만 〈여자치고〉 경제학에 능하기 때문에 그런 직위에 오르지 못하는 여자는 셀 수도 없다. 다수의 연구 결과 기대치가 낮다는 말을 들은 여성들이 더 낮은 과제 수행 능력을 보인다는 사실이 밝혀졌다. 학교에서 〈여자치고 잘한다〉라고 칭찬받는 여학생들은 성취 수준과 자존감 모두에 해를 입으며, 비판 없이 그 말을 믿는다면 미래의 커리어에도 나쁜 영향이 미친다.

일터에서 페미니즘은 갑옷이다. 몇 년 전 고객의 프로젝트에 착수하기에 앞서, 나는 정신적으로 남자처럼 일하는 역할을 맡자고 마음먹었다. 처음부터 내가 페미니스트라는 점을 공공연히 밝힌 터였다. 내 안에 사는 소녀 밥에게 굴복하지 않는 일, 자청해서 차를 내옴으로써 다른 사람들을 기쁘게 하고 싶은 욕구와 싸우는 일에는 대단한 결의가 필요했다. 나는 회의에서 곧바로 본론으로 들어갔고, 시간 낭비로 여겨지는 일에 확실히 의견을 표명했다. 남자가 맨스플레인을 시작하면 거침없이 말을 끊었다. 나는 이 새로운 페르소나를 믿었으며, 이따금 페미니스트로서 품은 직관이 약해질 때면 페미니즘이 어깨 위의 이성적인 천사처럼 내게 물었다. 「이게 공정하니?」 「네가 남자라면 이렇게 하겠니?」 천사는 밥에게 여러 차례 주먹을 날렸다.

페미니즘을 믿은 덕분에 나는 회의 때마다 나를 〈아가씨〉라고 부르는 동료에게 〈사내 녀석〉이라고 반격할 자신감을 얻었다. 일어나서 차를 내오면 동료들에게 호감을 살 수 있을 거라는 생각이 들 때마다 내 원칙들이 나를 자리에 묶어 두었다. 단순히 음료 문제라기보다는, 내가 비굴해 보이지 않는 것이 요점이었다. 페미니즘 덕분에 나는 남들에게 인정받기 위해 모성적인 면모를 전시할 필요가 없다는 사실을 늘 되새길 수 있다.

〈나는 커피를 타는 사람이 아니다.〉 이 한 마디가 내게 직업적으로 스스로를 어떻게 보아야 할지 방향을 제시했다. 〈투자 은행의 여성들〉 행사에서 음료를 가져다 달라고 부탁하는 동료 전문가들에게 어떻게 답하겠냐는 질문을 받은 선임 부사장은 단호하게 〈나는 커피를 타는 사람이 아닙니다〉라고 말했다. 미국식 억양으로 내뱉은 그녀의 대답은 내 머릿속에 오랫동안 울려 퍼졌고, 여전히 내게 힘을 행사한다. 그야말로 여성들이 일터에서 자신의 위치를 어떻게 확립해야 하는지를 알려 주는 말 아닌가. 우리는 남자들보다 무력한 존재가 아니다. 남이 시키는 대로 반드시 따르지 않아도 되고, 뻔뻔하게 대응해도 되며, 커피 심부름을 거절해도 된다. 외부의 장벽을 인지하기 위해서는 먼저 스스로 세운 장벽을 이해하고, 자기 안의 여성 혐오에 대항해야 한다. 그냥 귀찮아서, 혹은 남에게 안 좋은 인상을 줄까 봐 그냥 넘어가곤 했던 기성의 전통들과 우리를 무력하게 만드는 말들에 맞서야 한다. 추가 수당 없이 화초에 물을 주고, 회의실을 예약하고, 차를 끓이는 사무실 살림. 너무 깐깐하거나 쌀쌀맞아 보일까 봐 미소와 웃음으로 넘겨 버리는 매일의 성차별. 우리가 스스로를 여전히 남성보다 미세하게나마 열등한 존재로 본다면 그 시각은 보편적 인권과 평등 문제에도 영향을 끼칠 것이다. 여성 이사가 없다는 사실이 여성에 대한 폭력보다 더 위급한 문제라고 할 수는 없지만, 전자의 불평등에 맞서지 않으면 후자도 성공적으로 해결할 수 없다.

남녀 모두에게 가장 큰 혁신이 가능한 분야는 직업 영역이리라 믿는다. 성장기에 내면화된 잘못된 고정관념과 사무실 밖에서 맞닥뜨리는 젠더 불평등을 완전히 극복하기란 불가능할지 모르겠지만, 최소한 업계 안에서는 변화를 위한 규칙을 정하고 여성의 성과를 응

원할 수 있다. 어떠한 이상을 목표로 삼고, 그것이 삶의 다른 면까지 스며들도록 노력할 수 있다.

남자처럼 일한다는 건 단지 외적으로 어떻게 인식되는가의 문제만이 아니다. 카피라이터로 일하는 나의 경우, 내 안에 사는 비평가의 입을 다물게 하면 도움이 된다. 남들의 의견을 두려워하지 말고, 힘든 얘기를 꺼내야 하는 경우라도 당의를 입히기보다 단호한 말투로 이메일을 쓰고, 단어 하나하나를 완벽하게 벼리고자 애쓰되 빠르게 일해야 한다고 스스로에게 상기시킨다. 그러나 이 글을 쓰는 동안 — 세 단어를 적는 데 1분을 소비하고, 한 시간 만에 홉노브 세 병을 해치우며 날밤을 새우는 동안 — 나는 심각한 자신감 부족에 시달렸다. 내가 믿는 것에 대해 쓰고 있는데도 여전히 다양한 의문이 나를 괴롭혔다. 그중 수면 위로 떠오른 질문은 이것이었다. 「네 목소리가 대체 왜 중요한데?」 내가 쓰고 있는 글이 완전히 엉망진창인 것만 같았기에, 나는 요점을 제대로 전할 수 있을지 걱정하여 편집자들에게 미완성 초고를 보냈다. 다행스럽게도 예상과 달리 칭찬이 돌아왔다. 사실 내가 그토록 걱정했던 건 겸양의 표현이 아니며, 작가라면 누구나 품기 마련인 불안 때문도 아니었다. 내 안의 비평가가 내 의견의 유효성을 의심하고 있었던 것이다. 내 안에 숨은 여성 혐오주의자의 입을 완전히 다물게 하려면 앞으로도 오랜 시간이 걸리리라. 내가 바라는 것은 단번에 세상을 바꿔 놓을 한줄기 번개가 아닌, 머리에서 시작해 언젠가 본능이 될 매일의 하향식 습관이다. 지금 첫 시도에서 내 목소리가 원하는 만큼 강하거나 설득력 있게 나오지 않을지도 모른다. 그러나 이것만큼은 분명하다. 내가 더 많이 말할수록 내 안의 소녀 밥은 더 조용해지리라는 것.

———

    나는 채 열아홉 살도 되기 전에 수줍고 다소 우울한 소녀에서 수천 명의 군중을 매료시키는 자신감 넘치는 여자로 변신했다. (……) 분필 한 자루, 그리고 키 작은 내게는 높이가 부족한 비누 상자 대신 낮고 평평한 〈로리〉 수레 하나면 충분했다. 그것만 있으면 나는 혼자서 어느 구역이든 뒤집어 놓을 수 있었다.

    때로 집회는 시작부터 무척 소란스러웠다. 내가 딛고 선 상자나 의자 주위로 소년들과 성인 남자들이 떼 지어 몰려들어서 달걀이나 토마토나 썩은 오렌지 따위를 맹렬히 던져 댔다. 그러나 나는 기분 좋은 유머로써 그들에게 맞섰고, 마침내 그들은 입을 다물고 내 말을 열렬히 경청하게 되었다. 과거에나 지금이나 나는 미리 농담거리를 생각해 두는 일에 능숙한 편은 아니지만, 이따금씩 사태의 유머러스한 면이 나도 모르게 눈에 들어오곤 했다. 소란스러운 군중을 다룰 때 특히 유용한 재주였다. 하루는 브래드퍼드에서 집회를 하는데, 유독 쉴 새 없이 말참견을 하는 남자가 있었다. 그는 가로등 아래 선 채 미심쩍은 눈초리로 나를 훑어보면서 비하 발언을 줄줄이 퍼부었다. 심지어는 이런 말까지.

「당신이 내 아내라면 독약을 먹일 거요.」 나는 유쾌하게 대꾸했다. 「그럴 필요 없어요, 친구. 당신 아내로 사느니 스스로 독약을 먹을 테니까.」 청중들이 신나서 소리를 질러 댔고, 날 괴롭히던 자는 그날 일찍 자리를 떠났다.

아델라 팽크허스트

이해를 못 하면 질문을 던지세요. 질문하는 게 불편하면, 질문하는 게 불편하다고 말하고 질문을 던지세요. 질문이 좋은 의도에서 비롯되었다면 티가 납니다. 그리고 조금 더 경청하세요. 가끔 사람들은 단지 누군가 자기 말을 들어 준다는 기분을 느끼고 싶어 하지요. 여기서 우정과 연대와 이해의 가능성이 태어납니다.

치마만다 응고지 아디치에, 『아메리카나*Americanah*』

페미니스트는 내 운명

———

로라 팽크허스트

나의 증조할머니 실비아 팽크허스트가 지금 나와 같은 나이였을 때, 그녀의 어머니 에멀린 팽크허스트와 언니 크리스터벨 팽크허스트가 여성 사회 정치 연맹을 결성했다. 〈서프러제트Suffragettes〉로도 알려진 이 연맹은 지금으로부터 한 세기 전 맨체스터에서 팽크허스트 모녀와 소수의 여성 친구들이 시작한 보잘것없는 단체였다. 그러나 오늘날에는 그들이 무엇을 성취했는지, 1928년 마침내 여성이 남성과 동등한 조건으로 투표권을 얻기까지 그들이 어떤 투쟁을 벌였는지 전국 학교의 교육 과정에서 가르친다.

팽크허스트라는 성이 인생에 어떤 영향을 미치느냐는 질문을 종종 받는다. 성이 달랐더라도 나는 사회 정치적 운동에 참여했으리라 생각하지만, 내 성이 인생에 큰 영향을 미쳤음은 의심의 여지가 없다. 한 사진 속에서 나의 어머니 헬렌 팽크허스트는 아직 아기인 나를 안고 국회 앞 에멀린 팽크허스트의 동상 앞에 서 있다. 또 다른 사진 속에서 다섯 살 먹은 나는 어머니와 〈여성에게 투표권을〉이라고 적힌 현수막 앞에 서 있다. 그것 말고도 내가 어머니와 함께 무수한 여성권 행사에 참여한 사진들이 남아 있다. 넓은 맥락에서 보자면 내 유년의 사진과 기념품들은 내가 운 좋게 참여할 수 있었던 여성 운동의 단편들이나 마찬가지다.

〈올림픽 서프러제트〉는 2012년 올림픽 개막식에 참여한 이래 다양한 문제를 위해 활동해 온 멋진 여성 단체다. 최근 몇 년간 우리 모녀는 이 단체와 더불어 여성의 날 국제 원조 구호 기구에서 주최하는 〈그녀의 신발을 신고 걷기Walk In Her Shoes〉 캠페인에 참여했다. 이 캠페인의 목적은 과거를 기리는 한편 지금껏 일궈 낸 성취를 축하하고, 현재 진행형인 여성권 문제를 해결하기 위해 연대하며, 무엇보다 아직도 세계 각지의 여성들이 견디기 어려운 빈곤과 불평등과 부정의에 시달리고 있다는 사실을 부각시키는 것이다. 이렇게 멋진 캠페인에 참여함으로써 우리는 여성의 날에 기금을 보태고, 세상을 더 나은 곳으로 만들기 위한 운동에 개인적으로 헌신할 수 있다.

이 캠페인은 궤도에 올랐고, 소셜 미디어에서 활동하는 젊은 남녀들을 비롯해 점점 더 많은 페미니즘 운동가들과 연을 맺었다. 우리가 연사로 모신 주요 정당의 정치인들 가운데는 코미디언 샌디 토크스빅, 〈일상 속의 성차별 프로젝트〉의 창설자 로라 베이츠, 〈페이지 3 폐지 프로젝트〉*의 창설자 루시앤 홈스, 소말리아 여성 인권 운동가 제납 압디라만 등이 있었다. 영국 각지에서, 그리고 전 세계에서 활동가들과 일반 대중이 점차 목적의식을 공유해 나가는 모습을 지켜보는 건 환상적인 경험이었으며, 2015년 5월 총선과 새라 개브런 감독의 영화 「서프러제트」 덕분에 여성 참정권론자들에 대한 관심이 되살아난 것도 마찬가지였다.

페미니스트가 되는 것의 이쪽 면은 믿을 수 없이 긍정적이다. 우리는 행사에 참가하고, 전통적 운동과 SNS에 기반을 둔 현대적 운동을 결합하며, 아주 구체적이고 지역적인 개별 문제를 위한 운동을 후원하면서 이를

---

* 영국 타블로이드 신문의 3면에 여성의 신체 노출 사진이 실리는 관행에 반대하는 운동.

국제 운동과 연결시킨다. 우리에겐 여전히 도처에 할 일이 많다. 영국과 해외에서 덜 배척하는 사회를 만들고, 대중에게 더 많은 힘을 실어 주고, 한편으로는 지금껏 이룬 성과를 지켜 내야 한다.

그런데 이 단어, 〈페미니즘〉은 어떠한가? 내게 페미니스트란 양성의 사회적·정치적·경제적 평등을 위해 싸워야 한다고 믿는 사람이다. 많은 사람들이 이 단어를 폄하 표현으로 사용하고, 거리를 두려 애쓴다. 그러나 〈페미니즘〉이라는 단어를 차치하고 페미니즘에 담긴 믿음들에 대해서만 이야기한다면 대다수의 사람들은 페미니즘의 원칙들과 평등을 위해 싸워야 할 당위성에 동의할 것이다. 안타깝게도 여러 남녀가 〈페미니즘〉이 뜻하는 바를 편협하게, 비판적으로 이해하고선 자신은 페미니스트가 아니라고 말한다. 실제로 정치에 적극적으로 참여하고, 청원에 서명을 하고, 여성에 대한 폭력 문제에 우려를 품은 이들조차도 — 페미니즘에 대해 높은 의식 수준을 지니고 있음에도 — 종종 이 단어를 사용하길 꺼린다. 하지만 대화를 시작하고 페미니스트가 무엇인지 조목조목 따지기 시작하면, 즉 페미니스트를 평등과 평등한 기회를 믿으며 이를 성취하기 위해 아직 해야 할 일이 많다고 믿는 사람이라고 정의하면, 거의 모두가 머뭇거리면서도 자신이 페미니스트라고 인정하고 만다.

물론 직업이 젠더에 의해 분화되고 가부장적 위계질서가 팔팔히 살아 있던 과거로 시곗바늘을 돌리고 싶어 하는 반페미니스트도 존재하지만, 경험을 통해 보건대 그 수는 급감하고 있다. 그들보다 훨씬 많은 사람들은 단지 페미니스트라는 단어를 조금 겁내고, 페미니스트로 당당히 자칭하기를 두려워할 뿐이다. 라벨을 붙이는 행위의 이분법과 단순성에 대한 반발이 점점 더 거세지고 있으니만큼 더욱 그러하다. 이게 문제인 까닭은, 젠더 불평등을 해결하기 위해 할 일이 많이 남아 있는 한 스스로를 페미니스트로 정체화하고 페미니스트라는 단어를 영예로운 훈장으로 다는 사람들, 자기 목소리를 내고 변화의 조수에 기여하려는 사람들의 필요성이 절실하기 때문이다.

나는 페미니스트고, 나는 팽크허스트다. 두 사실 모두 대단히 자랑스럽다. 또한 나는 내가 강력하고 긍정적인 행동으로 역사에 발자취를 남긴 여성들의 후손이라는 특권을 인식하고 있다. 그러나 이는 절대 나 한 사람에게만 해당하는 얘기가 아니다. 많은 이들이 내게 와서 자신의 할머니, 대고모, 혹은 증조부가 여성 참정권론자였거나 그들의 싸움에 동참했다고 말하곤 하니까. 에멀린 팽크허스트와 여성 참정권론자 동지들이 운동을 시작한 이래 팽크허스트 가문은 4대째 여성 관련 사회적·정치적 운동에 참여하고 있다. 나는 궁금하다. 젠더 불평등이라는 개념이 제자리를 찾아 역사책 속에서나 나오는 단어가 되기까지 도대체 몇 세대가 더 이 싸움을 이어 나가야 할까?

내 경우에는 자발적인 훈련을 통해 모든 10대 소녀가 초조할 때 경련하듯 얼굴에 띄우는 가짜 미소를 버려야 했다. 이는 내가 원래 미소를 거의 짓지 않는다는 것을 의미하는데, 사실상 진짜 미소를 보일 일은 훨씬 드물었으니 말이다. 여성 해방 운동에서 내가 〈꿈꾸는〉 행동은 미소 보이콧이다. 보이콧이 선언되자마자 모든 여성들은 즉시 〈남을 만족시키기 위한〉 미소를 버리고 기쁠 때만 미소를 지을 것이다.

슐라미스 파이어스톤, 『성의 변증법 *The Dialectic of Sex*』

다른 모든 걸 잊더라도 기억해야 할 가장 중요한 〈아름다움의 규칙〉은 이것이다. 「남들이 무슨 상관인데?」

티나 페이, 『보시팬츠 *Bossypants*』

규칙을 다 지키려 들면 재미는 못 본다.

캐서린 헵번

35

페미니즘을 향한 나의 여정

———

루이즈 오닐

내가 이 〈F워드*F-word*〉, 즉 페미니즘을 처음 입에 올린 것은 열다섯 살 때였다. 세계에서 가장 잘나가는 여성 팝 스타들이 당당하게 스스로를 페미니스트로 칭하는 오늘날, 그때 내가 느낀 외로움을 공감받기란 어려울 것 같다. 당시는 루키Rookie나 제저벨Jezebel이나 엑소제인xoJane 같은 온라인 커뮤니티가 만들어지기 전이라, 나와 생각을 같이하는 또래 여자들이 있다는 안도감을 느낄 수 없었다. 내 손에 들린 건 낡아 빠진 마거릿 애트우드의 『시녀 이야기*Handmaid's Tale*』한 권과 밴드 홀Hole의 앨범 「리브 스루 디스Live Through This」가 전부였다. 나는 이것들을 부적처럼 심장 가까이 지니고 다녔다. 2000년도에 페미니스트로 사는 건 멋지지 않았다. 친구들은 내게 코트니 러브가 미쳤고 모두가 알다시피 실제로 「리브 스루 디스」를 작곡한 건 커트 코베인이라고 말했다. 또 페미니스트란 브래지어를 불태우고 남성을 혐오하며 모든 종류의 섹스가 강간이라고 믿는 사람이라고도 했다.

페미니즘에 대해 더 알고 싶었던 나는 대학에서 젠더와 성 연구 강의를 들었고, 저메인 그리어와 엘렌 식수와 수전 팔루디를 읽었다. 나는 점점 큰 확신을 담아 스스로를 페미니스트로 선언할 수 있었으나, 그럴수록 내가 페미니스트의 의미를 정확히 알지 못한다는 사실만 명백해져 갔다.

다음은 나 자신을 페미니스트로 부르던 10대와 20대 초반에 내가 한 짓들이다.

• 스스로를 페미니스트로 정체화하면서도 나는 〈쿨한 여자/매닉 픽시 드림 걸〉*의 전형을 있는 그대로 체현했다. 느긋하고 여유로운 여자로 보이겠다고 결심했다. 모든 일에 초연한 척했다. 나는 요구 사항이 많고 유지비가 많이 들고 애정에 목마른 〈그런 여자〉가 되고 싶지

* Manic Pixie Dream Girl. 영화 등에서 오로지 남자 주인공의 정신적 성장을 돕기 위해 존재하며 자신의 서사를 갖지 못한 얄팍한 여성 캐릭터.

않았다.

• 스스로를 페미니스트로 정체화하면서도 나는 이런 말들을 입에 달고 살았다. 「계집애처럼 굴지 좀 마.」 「여자들은 못됐어. 나는 남자애들이랑 어울리는 쪽이 더 좋아. 덜 극적이거든.」

• 스스로를 페미니스트로 정체화하면서도 나는 강간 허위 신고가 흔하며 꽃뱀들이 남자들의 인생을 망친다는 미디어의 보도를 믿었다.

• 스스로를 페미니스트로 정체화하는 사이 나는 한 남자와 진도를 나갔다. 멈추라고 말했지만 그는 멈추지 않았다. 그가 내 다리를 억지로 벌릴 때 나는 마음이 찢어졌으나 입을 다물고 있었다. 그것이 내 잘못이라고 스스로에게 말했다. 술을 마시고, 짧은 치마를 입고, 그의 침실에 갔으니까. 나는 그런 일을 당해도 쌌다.

• 스스로를 페미니스트로 정체화하면서도 나는 남자 친구에게 엄격한 젠더 역할을 강요하며 그가 2인분의 식사 비용을 지불하고 나를 감정적으로 돌봐 주기를 기대했다. 그가 내게서도 그런 지원을 기대하면 나는 그가 〈남자답지 못하다〉고 느꼈다.

• 스스로를 페미니스트로 정체화하면서도 나는 굶었

고, 내가 믿는 매력적인 여성의 몸매에 도달하기 위해 밥을 먹은 뒤엔 억지로 토했다.

나는 스스로를 페미니스트라고 불렀지만 실상은 가부장제를 믿고 있었다. 온갖 종류의 여성 혐오를 내면화하고 진실로 믿으면서 그 사실을 의식조차 못 하고 있었다.

지금은 페미니스트로 사는 것이 전보다 쉽다고 말하고 싶지만, 인정하건대 여전히 페미니스트로 타고나는 사람은 없다. 우리는 평생 젠더가 사회적 구조가 아니라 생물학적 사실이라고 말하는 문화적 조건화의 수갑을 차고 산다. 아무리 원해도 그 수갑을 벗어던지기란 쉽지 않다.

친구의 결혼식에서 신랑이 감정에 북받쳐 흐느끼는 모습을 보고 나는 불편해졌다. 여성인 친구가 누군가에게 비속어를 쓰는 걸 보고 〈숙녀답지 못하군〉이라고 생각했다. 유독 힘들었던 테라피 세션을 마치고 녹초가 된 날에는 어머니에게 과거의 이야기를 꺼내며 화를 냈다. 가족 중 누군가 죽었던 열네 살 시절 나를 돌봐주지 않았다는 이유였다. 그런 내게 아버지가 물었다. 「왜 내게 돌봐 달라고 하지 않았니?」 대답은 너무도 뻔했다. 아버지는 아버지니까. 나를 보살펴야 마땅하며 그 임무를 다하지 못한 부모가 아버지가 아닌 어머니였던 이유는, 단순히 어머니가 여자이기 때문이다.

우리 모두 그러지 않는가? 우리는 여자들에게 더 높은 도덕적 잣대를 들이대고, 그들에게 더 친절해지라고, 처녀성을 지키라고, 문지기가 되라고 말한다. 우리는 여자들이 〈좋은 여자〉가 되길 기대한다.

그게 내가 소설 『온리 에버 유어스 Only Ever Yours』를 쓴 이유다. 나는 지쳤기 때문에 그 책을 썼다. 나를 여성으로 만드는 나의 일부가 그 자체로 수치스러웠기 때문에. 어딘가 조금 망가진 기분이 들었기 때문에. 우리가 여성을 어떻게 보고 어떻게 대하는지에 관해 대화를 시작하고 싶었기 때문에, 나는 그 책을 썼다.

페미니즘도 같은 걸 이야기한다. 페미니즘은 마녀들의 집회도, 남성 혐오도, 남자들의 눈물을 마시는 모임도 아니다(이것들도 재미있어 보이긴 하지만). 페미니즘은 평등을 위한 것이다. 페미니즘은 젠더 고정 관념이 남성이나 여성이나 그 사이에 위치한 누구도 짓누르지 않는 세상, 아무도 기성의 고정 관념에 따라 남성답게 혹은 여성답게 행동하지 않는다고 질책받는 일 없이 마음껏 자기답게 살 수 있는 세상을 만들어 내고자 한다.

그러니 10대 소녀들에게 동행을 제안하고 싶다. 우리, 손을 잡고 같이 말하자고.

「나는 여성이다. 나는 페미니스트다. 이 두 가지 모두가 나는 자랑스럽다.」

2015년 1월 21일 자 『가디언』
아동·청소년 섹션 기고문

당신이 누구인지, 무엇을 믿는지 알아내라. 그 믿음이 부모나 이웃의 믿음과 다르더라도 스스로에게 진실하라. 당신만의 의견을 가지라. 사람들이 당신에 대해 어떻게 생각하고 말하는지 걱정하지 말라. 반대하는 사람들이 마음껏 반대하게 놔두라. 차츰 그들도 반대하는 게 지겨워질 테니.

엘런 드제너러스, 『진지하게 말하는데…… 농담이야Seriously... I'm Kidding』

누군가를 억누르는 한 당신의 일부는 그를 억누르기 위해 함께 억눌려야 한다. 그만큼 당신도 날아오를 수 없다는 뜻이다.

메리언 앤더슨

핫스퍼: 슈퍼우먼

제이드 아누카

2012년 나는 모든 배역을 여성이 연기하는 셰익스피어 연극 3부작 중 첫 번째 작품인 「줄리어스 시저Julius Caesar」에서 캘푸니아, 메텔루스 심버, 핀다루스를 연기했다. 그로부터 2년 뒤엔 영광스럽게도 돈마르 웨어하우스 극단에서 제작한 필리다 로이드의 연극 「헨리 4세Henry IV」에 캐스팅되었다. 다시 한 번 연극계의 여성들에게 힘을 부여하고 고정 관념에 도전하는 작품에 참여할 수 있어 기뻤다. 내 입으로 핫스퍼의 대사를 뱉을 수 있어 신이 났다. 그의 대사를 읊을 수 있는 건 원래는 남성뿐이었으니까. 아, 어찌나 기분이 좋던지!

핫스퍼를 연기하면서 나는 내가 연기자로서 갈구하던 것을 깨달았다. 나는 무대 위에서 자유롭고 싶었다. 핫스퍼를 연기하면서 나는 강해지고, 화를 내고, 주먹을 날리고, 우스개를 부리고, 싸우고, 매력을 과시하고, 멋대로 굴 수 있었다. 여성 연기자로서 누리기란 거의 불가능에 가까운 이 기회의 매 순간을 나는 만끽했다. 햇스퍼를 연기하면서 슈퍼우먼이 된 기분이었다.

극중 나와 다른 두 배우가 대화를 나누다가 턱걸이를 하는 장면이 있다. 매일 밤 우리는 철봉으로 걸어가 실패 없이 턱걸이를 해냈고 관객들의 감탄사를 들었다. 다름 아닌 이 시점에 무대에까지 들릴 만큼 관객의 반응이 우렁차게 터져 나온 데에는 여러 이유가 있었겠지만, 내게 있어 그 소리는 강력한 인정을 뜻했다. 세 여성이 무대 위에서 운동을 하는 모습은 대수롭지 않게 보아 넘길 장면이 아니었다. 공연이 끝난 뒤에는 여러 여성들이 〈우리 남편도 그런 건 못 했을 거예요〉라며 말을 걸었고, 자기도 운동을 하고 권투를 배워서 강해지고 싶다고 했다. 친구 하나는 〈이제 날씬함보다 강인함이지〉라는 새로운 슬로건을 만들었다. 우리도 할 수 있다는 걸, 우리의 역할이 남자들을 바라보며 그들의 능력에 감탄하는 것에 그치지 않는다는 걸 보여 준 셈이다. 정말이지 끝내주는 기분이었다. 이 모든 일이 런던 웨스트엔드의 발 디딜 틈 없는 극장에서 벌어졌다. 나는 다양한 층위에서 중요한 의미를 지닌 사건에 참여하고 있음을 실감하고, 전율했다. 핫스퍼를 연기하기 위해 학교와 운동장, 체육관, 링에서 훈련했다. 나는 편안한 회색 오버사이즈 운동복과 리복 클래식 운동화 차림으로 팔 굽혀 펴기, 윗몸 일으키기, 팔로 버티기, 잽 날리기를 열 번이고 스무 번이고 거침없이 반복하는 섹시한 배역을 연기하고 있었다. 우리는 화장을 하지 않았고 어떤 경우엔 머리를 밀기도 했다. 우리는 예쁘지 않았다. 아름답긴 했지만, 여성이라면 자고로 어떠해야 한다는 세간의 상식과는 달랐다. 그렇다고 해서 우리가 남자인 건 아니었다. 우리는 일찍이 허가되지 않았던 방식으로 무대에서 말하고 무대를 호령할 자유를 얻은 여자들이었다. 그 해방감이란! 그랬다, 원전에서 핫스퍼는 남성이지만 나는 남자를 연기할 생각이 없었다. 단지 핫스퍼의 이야기를 들려주고, 그의 행동을 연기하고, 그처럼 행동했을 뿐. 핫스퍼는 확신에 찬 사람으로, 자신이 말하고 보고 싸우고 사랑하는 방식에 대해 결코 사과하지 않는다. 핫스퍼를 연기하면서 나는 무적이 되었다. 남자가 할 수 있는 일은 모두 할 수 있었고, 여자가 할 수 있는 일도 모두 할 수 있었다.

우리는 이스트런던의 여자 중등학교 멀버리 스쿨에서 특별 공연을 올렸다. 여학생들과 대화를 나누고 우리 공연이 그들에게 얼마나 큰 영향을 주었는지 듣는 건 풍요롭고도 신나는 경험이었다. 많은 아이들이 〈영감을 받았다〉고, 오로지 남자들만 할 수 있다고 생각했던 일들에 도전할 용기를 얻었다고 말했다. 공연 후 질의응답 시간에 한 10대 소년이 〈무대에서 이렇게 많은 여자를 보는 건 처음〉이라고 말했던 기억이 난다. 감상을 묻자 그는 미소를 지으며 〈마음에 들었어요〉라고 답했다. 예리한 지적이었다. 우리가 보는 보통의 무대, 즉 〈표준〉이 된 무대는 다수의 남자 사이사이에 소수의 여성이 껴 있는 모습이다. 물론 탁월한 여성 배역도 없지 않다. 운 좋게도 나는 기막힌 배역 몇 가지를 연기한 일이 있다. 올리비아, 줄리엣, 오필리어, 「무지개 숄 위의 달Moon on a Rainbow Shawl」의 멋진 여성 로사까지. 하지만 그것들은 훌륭한 경험이었을지언정 충분하지는 않았다. 연기자는 언제나 더 많은 걸 원한다. 여성 연기자에겐 더 많은 것이 필요하다.

전원 여성 캐스팅의 「헨리 4세」 공연에서 우리는 그동안 연기할 수 없었던 종류의 배역들을 연기했다. 전원 여성 공연은 흔치 않지만 그 안에 통찰력과 재미가 녹아 있으며, 여성이 남성과 동등하게 모습을 드러내는 시대가 올 때까지 무대 위의 성비를 맞추기 위해 필수적인 이벤트기도 하다. 그런 날이 오면 우리 모두가 정말 노는 듯이 연기할 수 있지 않을까! 전원 여성 캐스팅 공연은 관객들에게 무대에서 이처럼 다수의 여성을 보는 것이, 비중 있고 묵직한 여성 주역을 보는 것이, 남자와의 관계 밖에서도 의미가 있는 여성 인물을 보는 것이 얼마나 드문 일인지 일깨웠다. 또한 관객들이 자주 놓치거나 〈당연한 것〉으로 생각하고 넘기는 여성 혐오적 언어를 부각시켰다. 핫스퍼는 말한다. 「그대 현명함은 알지만, 해리 퍼시의 아내보다 현명하진 않지. / 그대는 지조 있지만 한낱 여자라네.」 노섬벌랜드는 말한다. 「이런 야단스럽고 성급한 바보가 다 있나, / 이 여자의 심사를 거스르려 들다니.」 여성 연기자의 입에서 이런 대사가 나오면 관객들은 그 속에 녹아 있는 폄하의 의미를 보다 확실히 알아차리게 된다.

핫스퍼를 또 연기할 기회가 주어진다면 덥석 잡을 테다. 전원 여성 캐스팅 공연에 또 참여하게 된다면 기뻐서 펄쩍 뛸 테다. 흥미롭고, 충격적이고, 도전적인 배역이라면 남성 배역이든 여성 배역이든 가리지 않고 반기겠다는 뜻이다. 어떤 연기자가 이를 마다하겠는가?

필리다 로이드 같은 사람이 돈마르 웨어하우스 같은 공연장에서 「헨리 4세」 같은 연극을 오랫동안 올리길 바란다. 또한 사회적 용인의 경계를 확장시키고 여성이 할 수 있는 것에 대한 대중의 케케묵고 그릇된 〈표준〉에 도전장을 내미는 전국의 다른 연출자들과 극장들도 계속 전진하길 바란다. 나는 여성이 남성과 동등하게 주목받고 대우받는 세상에서 살고 싶다 ─ 그런 세상에서 일하고 싶다.

———————

여자들이 아직 배우지 못한 건 권력이 누구에게서 건네받는 게 아니라는 사실이다. 권력은 낚아채면 그만이다.
로잰 바

과거를 돌이켜 보며 명심할 사실은 사회적 변화란 언제든 가능하다는 것, 어떤 생각이 충분한 수의 사람들을 사로잡으면 변화는 이미 불가피하다는 것이다. 지난 몇 년 동안 실망했다 하더라도 희망을 버리거나 우리가 갈망하는 미래가 언젠가는 현재가될 거라고 믿지 않을 이유가 없다. 꼭 무에서부터 시작해야 하는건 아니다. 우리 사회 속 페미니즘의 기반은 탄탄하다. 기존 페미니즘의 성과를 인정하고 감사하는 동시에 그것을 토대로 더 나은미래를 쌓아 올릴 수 있다. 2백 년도 더 지난 과거에 페미니스트들이 처음 이야기한 꿈이 아직도 우리에게 박차를 가하고 있기때문이다. 언젠가는 여자와 남자가 어깨를 나란히 하고, 우리를옭아매는 전통에서 벗어나 자유롭게 일하고 사랑할 수 있다는꿈. 이 꿈은 여자들에게 미소 띤 분홍색 인형의 꾸며 낸 매력을 모

델 삼는 대신, 인간으로서 잠재력을 최대한 계발한다는 목표를
세우라고 말한다.

너태샤 월터, 『살아 있는 인형들 *Living Dolls*』

당신이 누구인지 아는 것은 무척 중요하다. 결정하기 위해. 당
신이 누구인지 드러내기 위해.

말랄라 유사프자이

일어나서 참여하라

에밀리 벤

소수의 행동이 불러오는 말도 안 되는 결과에 미칠 듯이 화가 나기 때문에, 그리고 멋진 어머니의 모범을 보고 자랐기 때문에. 이 두 가지가 내가 스스로를 페미니스트라 부르는 이유다.

먼저 내가 지극히 운 좋게도 나무랄 데 없는 교육을 받고 가족의 지원하에 훌륭한 기회들을 누렸음을 밝혀야겠다. 그러나 오늘날 영국을 비롯한 세계의 수백만 여성이 나와 같은 상황에 놓인 것은 아니다.

돌이켜 보건대 내가 처음 페미니스트로 스스로를 정체화하기 시작한 건 대학 시절이었다. 2011년 옥스퍼드 대학을 졸업하기 전까지, 나는 대학에서 보낸 3년의 거의 모든 순간을 사랑했다. 그러나 그 시절을 되짚어 보면, 소위 〈사내 문화 lad culture〉로 대변되는 일상적 성차별의 징표들이 명백히 존재했다. 그리고 사회인이 되어 정계에 입문하자마자, 나는 다시금 그것들과 맞닥뜨려야 했다.

당시에는 그냥 받아들일밖에 도리가 없다고 생각했다. 하지만 오늘날 또래의 남녀와 대화를 나누다 보면 의구심이 생긴다. 여자들에게 저질스러운 행동을 하고 비하 발언을 던지던 남자 동기들을 우리는 대체 왜 저지하지 않았던 걸까? 하나의 이유는 흥을 깨는 사람으로 여겨지는 게 싫어서였다. 그리고 더 중요하게는, 이 사내 문화를 그냥 놔뒀다가는 몇 년 뒤에 더 큰 문제로 발전할 수 있음을 인식하지 못했기 때문이다. 그래서 지금 우리는 큰 문제에 맞닥뜨려 있다.

나는 남자들에게 굴하지 않고 꼿꼿이 버티며 학내 정치에 참여했지만 소수 남성들의 행동이 많은 여성들의 목소리를 지웠음은 부정할 수 없는 사실이다. 남학생들에게 공격을 받을까 저어되어 대학 생활에 마음껏 참여하지 못한 여학생도 많다. 사내 문화는 갈수록 심각한 문제를 낳고 있다. (더 알고 싶다면 밸러리 에이머스의 글을 읽어 보길. 영국 및 세계 무대에서 활약하는 정치인으로서 UN에서 여성을 위해 투쟁하는 그녀는 전국 학생 연맹과 연대하여 점점 심해지는 캠퍼스의 〈사내주의laddism〉를 해결하고자 애쓰고 있다.) 그리고 영국 전역의 여러 용감한 여학생들이 이를 지적하고 맞서 싸운다. 나는 그들과 나란히 서서 자랑스럽게 스스로를 페미니스트라 부른다.

지금 내가 일하는 곳은 투자 은행의 매매 입회장이다 — 상상이 가겠지만 꽤나 남성 위주로 돌아가는 환경이다. 이 업계에는 여성이 부족한데, 아마도 케케묵은 고정 관념 때문에 망설이는 사람이 너무 많아서이리라. 수많은 여성들의 재능과 잠재력이 이렇게 낭비되고 있다. 너무 빨리 일을 그만두는 사람도 많다. 풍부한 경험과 성공 잠재력을 지닌 인력을 대거 놓치는 업계가 장기적으로 살아남을 리 만무하다. 금융업계만의 이야기가 아니다. 너무나 많은 업체와 업계가 다양한 관점과 사고방식, 〈생각의 다양성〉을 놓치고 있다. 더 많은 목소리, 남성과 여성과 다양한 인종과 다양한 배경을 지닌 사람들의 목소리를 들을 때 더 나은 결정을 내릴 수 있다고 나는 진심으로 믿는다. 그것이 바로 페미니즘이 성취하고자 하는 바다.

한편 젠더 평등이라는 대의를 이루고자 한다면 여성

뿐 아니라 강력한 남성의 리더십이 반드시 필요하다는
사실 또한 나는 경험을 통해 알게 되었다. 운 좋게도 내
곁의 선구적인 남성 동료들은 대단한 리더십을 발휘하
여 우리가 의미 있는 진보를 이루도록 꾸준히 도왔다.
그들은 당당하게 스스로를 페미니스트라 불러야 한다
는 것을 안다. 평등은 너무 자주 〈여성 문제〉로 치부되
며 기업에서는 여성 위주의 네트워크와 집단을 주 사업
의 곁가지로 취급한다. 그래선 안 된다. 양성평등은 여
성 직원뿐 아니라 남성 직원에게도 똑같이 의미 있고,
사업의 성공에도 절대적인 영향을 미친다.

　지금까지 나는 몇몇 남성들의 목소리가 내 머리를
짓누르고 내 정치적 삶을 막도록 놔두지 않았다. 사람
들은 이것이 내 성(姓) 때문이라고 ─ 우리 할아버지가
하원 의원 토니 벤이라서 ─ 추정하기도 한다. 그러나
이는 사실과 완전히 다르다. 우리 가족이 무얼 겪고 무
얼 희생했는지 가까이서 살펴보면 오히려 몸을 사리고
싶어질 지경이니까. 나는 단지 성차별을 비롯한 모든
형태의 부조리에 심하게 분노하고, 한번 화가 나면 잠
자코 앉아 불평을 늘어놓는 것으로 만족하지 못하는 사
람일 뿐이다. 나는 참여로써 상황을 바꾸고 싶다. 정치

란 지속적이고 진정한 변화를 이끌어 내는 도구다 ——
이것 하나만큼은 가족에게서 배웠다. 불평만 하고 앉
아 있으면 아무것도 성취할 수 없다. 냉소주의도 쓸모
없기는 마찬가지다.

정치가 항상 쉽지만은 않다. 나는 크로이던 사우스
자치구의 노동당 후보로 선출된 뒤 총선까지 몇 달 동
안 매 주말(그리고 여러 평일 저녁에도) 집집마다 방문
하며 선거 유세를 했는데, 상당히 낭패스러운 경험이
었다. 정치 외의 생업이 있었고, 때때로 공적으로 모욕
을 당한 데다, (철통같은 보수당 의석에 도전장을 내밀
었기에) 질 가능성이 높았다. 그걸 알면서도 나는 오랜
시간 삶과 정치 사이를 곡예하듯 오갔다. 무언가(내 경
우에는 보다 공정한 경제와 더 나은 주거와 교육, 그리
고 내가 누린 기회를 모두가 누려야 한다는 사실)에 대
해 확고한 믿음이 있다면 어디서든 일어나 싸워야 한
다. 이길 수 없는 곳이라고 해서 예외는 아니다. 패배란
단지 성공과 앞으로 계속 나아갈 힘을 더욱 갈망하게
만드는 원동력일 뿐이다.

내가 여자라서, 정확히는 젊은 여자라서 뭐가 달랐느
냐고? 유세를 할 때 만난 많은 사람들은 자연히 유세를

주도하는 사람이 우리 무리의 남자이리라 추정하고 그들에게 먼저 말을 걸었다. 나는 남성 동료 누구보다도 의상, 외모, 헤어스타일 등에 대해 많은 평가를 받았고 그중 일부는 아무리 좋게 들어도 칭찬이 아니었다 ─ 길거리에 나온 정치인에게는 무슨 말을 해도 용인되는 모양이지. 오로지 여성만을 겨냥하는(남성 후보의 의상이나 외모에 대해 칭찬이든 비난이든 평가를 읽은 게 마지막으로 언제였는지 떠올려 보시길) 이런 종류의 면밀한 품평은 여성들의 적극적인 정치 참여를 가로막는다. 다행히도 여러 선구적인 여성 정치인들이 어떻게 이런 난관에 맞서고 대응할지에 대해 훌륭한 선례를 남겼으니, 나 같은 여성 후보는 그들에게 큰 빚을 진 셈이다. 심지어 나는 결혼하자는 프러포즈를 두 번이나 받았는데, 안타깝게도 구혼자 둘 다 딱히 마음에 들지 않았다.

인도에 거주하는 친척을 보면 아무리 불리한 상황에서도 변화가 일어날 수 있다는 사실을 실감하게 된다. 인도에서는 여자들이 집안을 이끌고 생계를 꾸린다. 그들은 교육, 기술, 법까지 여러 영역에서 장벽을 무너뜨리며 성공을 일구어 가고, 그 결과 공동체와 가족에

58

부를 가져다준다. 어찌 됐건, 이들은 운이 좋은 편에 속한다. 인도 각지의 또 다른 많은 여성들은 상상할 수 없는 고통을 받고 있으니 말이다. 그들 중 몇몇을 만난 것은 내 평생 잊지 못할 경험이었다(말이 나온 김에 〈인도의 여성들 기금〉에 후원을 부탁한다). 모든 여성에게 성공의 기회가 주어진다면, 인도라는 위대한 나라의 잠재력은 몇 배는 더 커질 것이다.

마지막으로 한마디만 덧붙여 보자. 짐작하건대, 많은 여성들의 경우 페미니즘의 영감을 어디서 얻었느냐는 질문을 받으면 곧장 어머니를 떠올릴 것이다. 나도 예외가 아니다. 나에게 부모님은 축복과 같다. 인도에서 조부모와 살다가 어릴 적 영국에 정착한 어머니는 1960년대 런던 교외에서 진짜배기 인종차별에 맞서 싸웠고, 일을 하며 대학을 마친 뒤에는 다우닝 스트리트의 총리 관저에 입성하기에 이르렀다(엄마는 데이비드 보위와 동거하기도 했고 그의 앨범에 목소리를 내기도 했으니, 나보다 훨씬 멋지지 않은가). 최근 암과 맞서 싸워 이겨 냈다는 사실은 엄마를 상징하는 특성이라 할 만한 회복력과 낙관주의, 용기를 잘 보여 준다. 그리고 이 세 가지는 남에게 영감을 주는 여성들에게서 공통적으로 드러나는 특성이기도 하다.

그러나 무엇보다도, 나의 부모님은 내게 두 가지를 가르쳤다. 우선, 개자식들이 너를 끌어내리도록 내버려 두지 말라고(앞서 언급한 소수의 남자들에게 적용되는 얘기다). 그러나 더 중요한 건, 네가 너 자신을 믿고 정말로 열심히 최선을 다해 노력하면 하고자 하는 것을 뭐든 이룰 수 있다는 거였다. 세상의 모든 어린 소녀들을 격려하고 그들에게 이러한 믿음을 심어 준다면 얼마나 놀라운 일이 일어날지 한번 상상해 보라.

진짜 F워드는 페미니즘이 아니라 형평성*Fairness*이다.

케이트 모스

내게 있어 여자로 산다는 건 내 코미디의 소재로 안성맞춤이
며, 동시에 내 청중들이 원하는 소재이기도 하다.
혹시 내가 멸종 위기종인가?

제니 에클레어

연애 상대로 생각해 본 적 없는 한 남성 친구가 내게 말했다.
「있잖아, 네가 몇 킬로그램만 빼면……」
「산수 문제 얘기가 아니기만 해봐.」
「네가 몇 킬로그램만 빼면 우리가 사귈 수도 있을 텐데.」
「그 몇 킬로그램이 내 뇌에서 빠지지 않는 한 그럴 일 없어.」

세라 밀리컨

자신을 있는 그대로 보지 못하는 사람과 있느니 혼자인 편이

낫다고 그녀는 생각한다. 따르는 것보다 이끄는 편이 낫다. 침묵을 지키는 것보다 목소리를 내는 편이 낫다. 남의 면전에서 문을 쾅 닫는 것보다 문을 열어 두는 편이 낫다.

그녀는 단순하고 다정한 사람이 되지 않을 것이다. 그녀는 남들이 되라고 말하는 사람이 되지 않을 것이다.

E. 록하트, 『프랭키 란다우뱅크스의 불명예스러운 역사*The Disreputable History of Frankie Landay-Banks*』

나는 왜 페미니스트가 되었는가

소피 하겐

나는 여자들을 싫어한다. 당신도 내 얘기를 들으면 무슨 얘긴지 알 거다. 날씬한 금발 여자들, 축구에는 일자무식에 늘 구두 얘기나 하고 있는 여자들. 그들은 어디에나 있다. 광고판에, TV에, 내가 제일 좋아하는 시트콤에, 모든 뮤직비디오에. TV에 나오는 스탠드업 코미디언들은 그런 여자들을 자주 도마에 올린다. 때로는 분노하고 신경질을 내면서. 나는 그들에게 완벽히 공감할 수 있다. 그 여자들 얘기를 듣고 있으면 나까지 짜증이 날 것 같으니까. 그래서 나도 그들을 싫어한다.

나는 그런 여자가 아니라서 여자들을 싫어할 수 있다. 나는 〈사내 녀석들〉에 속한다. 쭉 그래 왔다. 성장기의 어느 시점에 결정을 내려야 하는 때가 온다. 더 이상 아이가 아니라 작은 남자 혹은 작은 여자여야 하는 때.

작은 여자가 되는 방법을 배울 수 있을까 싶어 어머니를 올려다보니 동네 슈퍼마켓 남성복 코너에서 산 옷이 보였다. 여태 어머니가 얼굴에 묻힌 것들 중 화장품에 가장 근접했던 건 맨손으로 집 전체를 페인트칠하다가 튄 얼룩이었다. 엄마는 공장에서 장시간 근무를 하느라 닳아빠진 싸구려 운동화를 신었다. 팔짱을 낀 채 두 다리로 강인하게 바닥을 딛고 선 자세조차 남성스러웠다. 벽돌 같은 엄마의 몸에 곡선이라곤 없었다. 내가 슬슬 브래지어를 사야 하지 않겠냐고 묻자 엄마는 눈만 데굴데굴 굴리더니, 나를 앉혀 놓고는 이거나 보자며 니컬러스 케이지가 출연하는 액션 영화를 〈또〉 틀었다. 우리 반의 다른 여자애들은 여자가 되는 법을 배웠다 — 그렇게 우리의 길이 갈렸다. 다른 여자애들은 작은 여자가 되었고, 나는 사내 녀석들의 일원이 되었다.

그렇다고 정말 사내가 될 수는 없다. 아무도 알려 주지 않는 사실이다. 아무도 내게 주의를 주지 않았다 — 〈카운터스트라이크〉 게임에서 아무리 많은 헤드샷을 날려도 여자는 결국 여자일 뿐이라고. 처음 나를 좋아한 애는 마이클이었다. 그다음은 모튼이었다. 톰은 끝까지 날 좋아하지 않았거나, 혹은 두 친구에게 선수를

뺏긴 탓에 속마음을 털어놓지 않았다. 남자로 살 수 없다는 사실에 격분한 나는, 이제 와서 다시 여자가 되는 법에 골몰하는 대신 남성스러운 행동을 강화시켰다. 수업을 빼먹었고, 트림을 했고, 큰 소리로 지껄였고, 때로는 포르노 얘기를 했다. 나를 좋아하지 말라고, 나는 〈여자〉가 아니라 친구라고 상기시키기 위해서였다. 나는 몇 번인가 마이클과 데이트를 했고 모튼과 첫 키스를 했다. 나는 새로운 분류, 〈여자〉 친구라는 분류에 부적격이었다. 그래서 떠났다.

고등학교에서도 나는 〈사내 녀석들〉에 속했다. 다만 이제는 외톨이가 되어 있었다. 나는 모든 것에 저항했다. 그것도 요란하게. 주사위를 던져 성적을 매기는 술 주정뱅이 생물 선생에게도. 1985년 이후로 교체되지 않은 커튼에도. 카페테리아에서 파는 얼토당토않은 가격의 당근에도. 다른 학생을 강간하려고 시도하고도 고작 2주 정학 처분을 받은 학생들에게도. 그 사건의 피해자는 학교를 떠났고, 가해자들은 무사히 졸업하여 졸업 앨범에서 미소 짓고 있다.

나는 엉덩이를 뒤로 쭉 내밀라는, 미소를 지으라는, 〈착한 소녀〉답게 숙제를 성실히 하라는 말을 들었다.

〈관심을 구걸하는 짓은 그만둬〉라는 소리도 들었다. 엄청나게 불쾌한 말이었다. 나는 퇴학시키겠다는 협박을 받고서야 저항을 멈췄다. 학교에 남고 싶었다. 내 안의 남성적 에너지 덕분에 나는 매일 운동복 바지에 후드 차림으로 등교하는 예쁜 빨간 머리 여학생 루이즈와 가까워졌다. 그 애는 핸드볼 말고는 세상 무엇에도 관심이 없었다. 나는 우리 둘이 〈사내 녀석들〉에 속할 수 있으리라 생각했다. 〈두 선머슴〉이 되어서 말이다. 그 애에게 키스하고 싶어서 술 게임 결과를 조작하기도 했다. 그런데 여름 방학이 끝나고 학교에 돌아와 보니 루이즈는 화장한 얼굴에 하이힐을 신고 있었다. 화가 나야 마땅했지만, 오히려 그토록 빨리 여자가 되는 법을 배운 루이즈에게 질투를 느꼈다. 그리고 나는 그 애마저 싫어하기 시작했다. 결국 항복했기 때문에. 내가 될 수 없는 사람이 되었기 때문에.

고등학교를 졸업하고 나는 이나를 만났다. 이나는 여자가 아니었다. 그녀는 하루에 구두 쉰 켤레를 샀지만, 전부 그녀가 신기엔 작은 사이즈였다. 세네갈 세인트루이스의 고아들에게 나눠 주려고 산 것들이니까. 그녀는 TV에 나오는 여자들처럼 남자들을 휘두르길 좋아했지만, 그건 그녀가 덴마크의 대형 자선 단체 기금 모집과 수장이기 때문이었다. 그러나 그녀도 오프 사이드 규칙은 몰랐다. 전형적인 〈여자〉라서 말이다.

나는 에바를 만났다. 에바도 여자가 아니었다. 그녀가 이따금 여자와 동침하는 경향이 있기 때문만은 아니고, 늘 바위처럼 단단했기 때문이다. 그녀는 나뿐 아니라 주위의 모든 이들에게 든든한 사람이었다. 남자들도 그녀 어깨에 기대 울곤 했다. 그녀는 짧은 단발을 했고 다리를 벌리고 어깨를 곧추세운 채 항시 전투태세의 남자처럼 앉았다. 실제로 매 순간 싸울 준비가 되어 있었다. 그녀는 늘 지저분하고 구멍이 난 신발을 신었다. 축구에 대해 얼마나 아는지는 알아내지 못했는데, 그녀와 만나면 노숙자 문제나 정신 건강에 대해 토론하느라 바빠서 다른 얘기를 할 짬이 없었기 때문이다.

옆집에 미셸이 살았다. 미셸도 진짜 여자가 아니고, 그 반대에 가깝다. 미셸은 남자처럼 술을 마시고, 남자처럼 트림을 하고, 말투는 1년쯤 바다에 나가 있던 남자 같다. 댄스 플로어에서 어떤 남자가 손가락으로 그녀의 항문을 건드리려 들자 미셸은 몸을 돌리고 남자의 얼굴에 강펀치를 날려서 그를 쓰러뜨렸다. 그러고는 그가 틀림없이 해고당하도록 조치했다. 진짜 여자는 그렇게 난동을 부리지 않는다. 미셸, 엉덩이를 뒤로 쭉 내밀고 입을 다물어.

이다도 여자가 아니었다. 그녀는 빨대로 캔맥주를 마셨는데 — 입이 아니라 코를 이용했다. 아네, 내 친구 아네는 언제나 남자 친구가 자기만큼 자주 섹스를 원하지 않는다고 불평한다. 사녀는 음모를 밀지 않기로 했다. 루시의 남자 친구는 결혼과 자녀를 원하지만 그녀는 헌신하는 게 두렵다. 에이미는 브래지어 안에 누르면 소리가 나는 장난감을 넣어 다니다가 그걸 누르고 몇 시간씩 배를 잡고 웃곤 한다.

나는 아직도 사내들에 속한다. 그러나 정말로 내가 속한 곳은 입체적이고 다양하고 강인하며 자기주장이 있는 다채롭고 특별한 여성들, TV나 다른 매체에서는 절대로 그려지지 않는 여성들의 팔레트다. 내가 작은 여자와 작은 남자 가운데 무엇이 될지 선택해야 했던 1994년, 이 여성들이 광고판에서 포즈를 취하고 있었다면 얼마나 좋았을까. 지금 세상엔 두 종류의 여자가 있다. 광고판 속 여자와, 자기가 틀렸다고 생각하며 자라는 여자. 스물다섯 살에 나는 내가 여자를 싫어하지 않는다는 걸 깨달았다. 심지어 이제는 광고판 속 여자도 싫지 않다. 내가 싫은 건 그녀 같은 바비 인형이 되길 거부하고 다른 것을 선택할 가능성이 내게서 숨겨져 있었다는 사실이다. 내게 〈나다운〉 여성성을 일굴 기회가 없었다는 사실 말이다. 우리에게는 모든 종류의 여성을 아우르는 여성성이 필요하다. 그게 내가 페미니스트인 이유다.

오직 평범해지려고 노력한다면, 당신이 얼마나 근사한 사람이
될 수 있는지 영영 알 수 없을 거예요.
마야 엔젤루, 『구름 속 무지개 _Rainbow in the Cloud_』

우리는 남들 사이에 섞이는 동시에 돋보여야 한다고 배웠다 —
실로 모순적인 메시지다.
수지 오바크, 『비만은 페미니즘의 문제다 _Fat is A Feminist Issue_』

섹스는 예술이 될 수 있다. 비요크의 앨범 「베스퍼타인 _Vesper-
tine_」을 보라. 자신의 커리어와 섹슈얼리티를 완전히 통제하는 여
자가 만들어 낸 고도로 섹슈얼하고 관능적인 작품이다. 프린스의
거의 모든 앨범도 그러하다. 두 사람 다 예술가고, 성인이고, 인간
이며, 그들이 영리하게 다루는 인간은 남성에 국한되지 않는다.
리아나가 1990년대 비디오를 보면서 성장하지 않았더라면,
자신의 섹슈얼리티를 그토록 노골적으로 꾸준히 그려 내어 다음
세대에 영향을 주는 것이 그녀에게 지금만큼 중요하게 여겨지지

않았을지도 모른다. 어린 시청자들의 접근을 막음으로써 대중문화 속 섹스에서 권력을 빼앗았다면 초점은 예술적 아름다움과 의식을 표현하는 작품들로 전환되었을 수도 있다. 그러나 이는 본질적으로 여성들이 그들 자신의 섹슈얼리티를 그들이 느끼는 그대로 표현할 수 있는 미래 세상을 위해 섹스에 힘을 돌려주는 일이었을 것이다.

샬럿 처치

우리는 소리 없이 비명을 지른다

———

야스 네카티

학교를 졸업한 지 2년도 되지 않았기 때문에 나는 안다. 우리는 신경을 쓴다. 대부분의 경우 어딘가에 속하고 너무 튀지 않으려고 애쓰느라 정신이 없지만, 청소년들도 신경을 쓴다. 신경 쓰지 않는 척해도 신경을 쓴다.

우리 청소년들은 우리를 의견 없는 세대로 치부하는 주류 미디어, 우리를 가축 취급하는 학교, 우리의 목소리를 송두리째 묵살하는 정부에 아주 오랫동안 실망해 왔다.

상황을 돌파하기 위해 몇몇은 스스로에게 라벨을 붙였다 — 반대로 다른 몇몇은 씁쓸하게 라벨을 거부했다. 힘을 합쳐 애초에 우리를 이 끔찍한 상황으로 몰아넣은 사람들에게 맞서는 대신, 우리는 내전을 벌이고 있다.

나는 상황을 돌파하기 위해 라벨을 선택한 사람이다. 내가 택한 라벨은 〈페미니스트〉였다.

사람들은 나를 〈페미니스트〉로 보았다. 브래지어를 태우고, 남자를 혐오하고, 언제나 분노에 휩싸여 있고, 극단적이고, 급진적이고, 대화가 불가능하고, 쉽게 발끈하는 페미나치.

정말로, 나는 페미니스트였다. 낙심하고, 불만 많고, 비명을 지를 준비가 되어 있고, 비스킷을 굽고, 고양이를 사랑하고, 젠더에 순응하지 않는 퀴어 히피 말이다.

페미니스트가 됨으로써 나는 더 큰 무언가에 속한 기분을 느꼈지만 늘 그렇지만은 않았다. 학교는 페미니스트로 지내기 좋은 곳이 아니다. 우리 청소년들은 누군가 자신과 다르다 싶으면 그를 찢어발기기 일쑤인데, 나는 남들과 다른 사람으로 간주되었기 때문이다.

페미니스트 중에는 예술가와 작가들도 있었지만 그들은 나와 너무 달라 아예 범접할 수 없는 인물들처럼 느껴졌다. 〈현실의 10대〉 페미니스트는커녕 그냥 〈현실〉의 페미니스트조차 나는 알지 못했다. 내게 페미니즘은 현실 세계의 사람이 실제로 속할 수 없는 영역, 이론상으로만 존재하는 기이한 외계의 컬트 종교와도 같왔다. 페미니스트들은 나보다 훨씬 나이가 많거나, 무시무시하게 학구적이거나, 이미 죽은 사람들뿐이었다. 게다가 나는 셋 중 어디에도 해당하지 않았다. 졸업 자격시험을 걱정하는 혼란스러운 학생에 불과했으니까.

완전히 외톨토리가 된 기분으로 몇 달을 보낸 뒤 나는 학교의 영어 선생님이 〈현실〉의 페미니스트라는 사실을 〈발견〉하고 안도하는 한편 다소 지나치게 흥분했다. 수업 중 선생님은 성차별적인 농담을 지적했고, 타인을 존중해야 한다는 점을 커리큘럼보다 우선순위에 놓았다. 선생님이 멋지다고 생각했다. 지금도 그 생각엔 변함이 없다. 하지만 선생님은 성인이었고 나는 열다섯 살이었다. 그때의 내가 느끼기에 10대의 또래들은 그런 문제에 관심도 없는 것 같았다 — 오해였지만.

물론 관심 없는 아이들도 많았다. 하지만 틀림없는 페미니스트임에도 구태여 스스로 그 라벨을 붙이지 않는 아이들이 훨씬 더 많았다. 페미니즘을 처음 접한 열다섯 살 학생 시절부터 나는 내 인생에서 최고로 멋진 사람들을 만나고 사귀는 근사한 경험을 했다. 10대 페미니스트들 말이다. 많은 10대들이 놀라운 열정과 창조성을 발휘하여 젠더 평등 운동에 나서고 있었다. 한

때는 페미니즘에 신경 쓰는 사람이 나 하나로 끝일 거라 생각했는데, 내가 얼마나 세상을 몰랐는지 이제야 깨닫게 되었다. 또래 페미니스트들도 처음엔 나처럼 생각했다고 고백하곤 한다. 다행히 그건 우리의 착각이었고, 지금 현실엔 엄청난 일들을 해내는 한 무리의 10대 페미니스트들이 존재한다. 이미 우리와 함께하고 있든, 혹은 이제 막 발걸음을 뗐든, 당신은 혼자가 아니다. 당신은 어마어마한 사람이다.

문제는 페미니스트로 사는 것이 이따금 외롭다는 사실이다. 페미니스트는 논란의 소지가 있는 주제, 가령 평등을 믿는다는 이유로 주위 사람들로부터 소외되곤 한다. 게다가 10대 페미니스트인 우리는 단지 남들보다 조금 더 어리다는 이유로 페미니즘 운동 자체에서 소외되기도 한다! 지금까지의 페미니즘은 지극히 성인 중심적이었으며 청소년의 목소리를 누락해 왔다. 10대 중심의 페미니즘을 요구하고자 하는 게 아니다. 내가 요구하는 것은 모두를 위한 페미니즘이다. 성인들이 집회나 플래시몹을 열고 변화를 일궈 내면서 재미를 보고 있다면, 우리 10대들도 똑같이 참여할 기회가 있어야 하지 않겠는가! 성인들이 평등에 대해 토론하고 있다면 10대도 분명히 할 말이 있을 것이다. 바로 여기서 부터 시작하자.

목소리가 지워지는 이유는 수없이 많으며 젠더도 그중 하나다. 우리가 사회에서 얼마나 중요하게 대우받는지는 인종, 계급, 장애, 성적 지향, 성별에 좌우된다. 나는 여기서 젠더에 초점을 맞추겠지만, 성차별 문제가 거품에 감싸여 외따로 존재하는 게 아니라 다른 많은 불평등과 교차하고 있음을 명심하자.

여성에 대한 성차별이 만연하다. 여기서 여성이란 트랜스 여성과 젠더 비순응자들을 포함한다. 태어나면서부터 남성이라는 젠더 정체성을 부여받고 남성으로 정체화하는 남자들이 있다 ─ 정말이지 행운아다. 나머지처럼 젠더를 근거로 한 차별을 겪지 않아도 되니까. 라벨 얘기를 조금 더 곁들이자면, 이들 운 좋은 남성들은 기술적 용어로 〈시스메일*cis-male*〉이라고 부른다. 〈시스〉란 젠더에 순응한다는 의미를 지닌다. 반대로 태어나면서 부여받은 젠더에 순응하지 않는 사람은 〈트랜스〉라고 하는데, 이들의 경우는 부여받은 것과 반대되는 젠더를 택했거나, 두 젠더에 걸쳐 있거나, 젠더가 아예 존재하지 않는다. (물론 젠더 정체성은 포괄적인 개념이므로 이 세 가지만으로 제한할 수 없다. 내가 정체성이라는 단순하지 않은 문제를 단순화해서 설명하고 있음을 감안하시길.)

젠더 비순응자들과 여성들은 사회에서 성차별을 겪는다. 양쪽이 겪는 성차별은 결코 비슷한 종류라 할 수 없지만 우리에게 공통점이 하나 있긴 하다. 시스메일로 살지 못한다는 건 우리가 제비를 잘못 뽑았다는 뜻이다. 우리는 목소리를 내지 못하고, 항상 덜 중요한 취급을 받으며, 무엇이든 이루기 위해서는 두 배로 노력해야 한다. 그게 다는 아니고, 우리는 또한 무척 대담하고 뛰어난 사람들이기도 하다. 우리 중엔 활동가도 많다. 그런데 왜 아무도 우리에 대해 모르는 걸까?

앞서 언급했듯이, 내가 다니던 학교에도 틀림없는 페미니스트지만 결코 그 사실을 인정하려 들지 않는 사람이 많았다. 이는 주류 미디어의 잘못이다. 『선Sun』, 『스타Star』, 『데일리 메일Daily Mail』에서는 우리의 의견을 별 볼 일 없는 것으로 취급한다. 청소년은 의견이 없고 물정 모르고 경청할 가치가 없는 사람들로 치부된다. 〈청소년〉과 〈시스메일이 아닌〉 사람들의 집단을 겹쳐 놓고 보면 금세 분명하게 드러날 것이다. 우리는 결코 중요한 대우를 받지 못할 뿐 아니라, 거의 언제나 잘못 묘사되고 있다.

그 때문에 종종 청소년들은 정치에 참여할 의욕을 잃는다. 시스메일이 아닌 청소년들은 더욱 그렇다. 정치는 멀고 혼란스럽고 우리가 아닌 다른 사람들만을 위한 것처럼 보인다. 말해 봤자 무시와 조롱을 당할 것이 뻔하니 의견 밝히기를 두려워할 수밖에 없다. 여성 및 트랜스 청소년들은 알고 있다. 누구도 우리를 진지하게 대하지 않는다는 걸. 그래서 대부분의 경우 입을 꾹 다문다.

내가 목소리를 내는 건 그래야 한다고 느끼기 때문이다. 나는 사회의 부조리와 불평등을 보았기에 변화가 필요하다는 걸 안다. 내게 영감을 준 건 학자들이 아니라 예술가와 시인, 뮤지션과 친구들이었다. 이제 나는 청소년들의 연대가 하나의 큰 움직임을 만들어 가고 있음을 깨닫는다. 우리는 끝내주게 강하다.

주류 미디어, 사회 전반의 분위기, 심지어 페미니즘 운동조차도 10대 소녀들과 10대 젠더 비순응자들에게 목소리를 죽이라고 강요한다. 지긋지긋하다. 침묵을 지키는 건 이제 지겹다. 그들이 들을 수밖에 없도록 비명을 지르자. 10대 활동가들을 묵살하지 말고 목소리를 들어 달라고. 우리도 남들만큼이나 할 말이 많다.

어느 날 밤늦게 파티를 마치고 집으로 가는 길이었다.

한 남자가 내게 다가와 말했다. 「실례합니다, 부인.」

그 말에 나는 기뻤다. 모두가 나를 〈신사분〉이라고 부르던 시절이었기 때문이다.

바로 그때 그가 사과를 건넸다. 「이런, 제 엉덩이를 걷어차셔도 할 말이 없군요.」

처음에는 그의 말을 이해하지 못했다.

그러나 곧 깨달았다. 그는 이제 나를 남자로 보고 있었다. 그리고 한 남자가 다른 남자에게 가할 수 있는 가장 큰 모욕은 그를 여자라고 부르는 것이니, 그로서는 사과해야 마땅했던 것이다.

그게 내가 페미니스트인 이유다.

요즘엔 남자들이 내게 문을 열어 준다. 그들은 거들먹거리는 말투로, 마치 얼간이를 대하듯이 내게 말을 건넨다.

이상한 일이다. 예전엔 아무도 내게 그런 말투를 쓰지 않았다. 내가 갑자기 얼간이가 된 걸까?

아니, 그게 아니다. 내가 여자로 보이기 때문이다.

그게 내가 페미니스트인 이유다.

어느 날 길에서 정장 차림의 남자 네 명과 마주쳤다. 그들이 나를 위아래로 훑어보며 평가하는 것이 느껴졌다.

그들의 머리엔 동시에 같은 생각이 떠올랐으리라.

늙었어. 뚱뚱해. 침대에서 형편없을걸. 없는 사람으로 취급하자.

그들은 못 본 척 나를 지나쳤다.

그게 내가 페미니스트인 이유다.

그러나 나는 엄연히 존재한다. 나는 인류의 절반에 속한다.

힘없이 입이 막힌 채로 너무나 오랜 시간을 보낸 이후, 우리는 힘을 되찾고 스스로의 목소리를 내기 시작한다.

어디선가 그런 일이 일어날 때마다 세상은 더 나은 곳이 된다.

그게 내가 페미니스트인 이유다.

조 클리퍼드

1990년대 초 TV에는 페미니스트들이 잔뜩 출연했다. 남자들을 자기보다 우위에 놓지 않는 거친 여자들. 나는 항상 그녀들의 편이었다. 엄마와 할머니와 이모 손에 자랐고 나를 괴롭히는 아버지를 경멸했던 나는 여성이 열등한 젠더일 리 없다고 확신했다. 10대에 들어섰을 땐 열등한 젠더라는 게 존재하는지, 아니 젠더 자체가 존재하는지 의문을 품게 되었다. 그냥 자기답게 살면서 서로에게 상냥하게 굴면 안 되나? 대학에서 대부분의 사람들은 페미니스트의 의미가 〈남성 혐오자〉라고 생각했다. 그로써 남성들은 페미니즘에서 배제되었고 나 역시 그러했다. 내 겉모습은 남자였으니까.

내가 남자로 태어났다니, 얼굴을 걷어차이는 기분이었다. 그러나 어렸을 땐 〈여자처럼 군다〉는 이유로 정말 얼굴을 걷어차이곤 했다. 페미니스트들은 여성을 폭력에서 보호하기 위해 오랫동안 싸워 왔지만, 나는 발언권을 가진 더 많은 페미니스트들이 트랜스 젠더가 매일같이 겪는 아주 현실적인 학대에 관해서도 더 많이 이야기하기를 바란다.

성전환 초기에 저메인 그리어의 『완전한 여성*The Whole Woman*』을 읽었다. 그리어는 트랜스 여성이 여자 화장실에 들어가는 것에 대해 거세게 비난했다. 여자인 척하는 남자들이 여성의 공간을 침입하려 한다고 말이다. 나와 다른 의견을 가진 작가의 글을 읽는 건 유익하다. 그리어의 책을 읽음으로써 나는 내 정체성에 의문을 제기하고, 한층 더 복잡한 정체성을 형성할 수 있었다. 그녀가 옳았다. 나는 우리 어머니와 같은 여자가 아니다. 나는 소녀로서 유년기를 보내지 않았다. 나는 월경을 하지 않는다. 나는 출산을 하지 않을 것이다. 다른 여자로 사는 게 어떤 기분인지도 전혀 이해하지 못한다 — 그러나 다른 남자로 사는 것 역시 전혀 이해하지 못하는 건 마찬가지다. 트랜스 젠더가 아니라고 해서 자기 자신 이외의 타인으로 사는 게 어떤지 잘 알겠는가? 기이하게도 그리어 덕분에 나는 내가 나 자신으로서 가장 행복하다는 걸 깨달았다.

한편으로는 페미니즘의 해묵은 방어성이 유감스럽기도 했다. 페미니스트들이 뱃속에 품은 불길, 그 정당한 분노…… 자신들이 사실은 여론을 형성하는 계급에 속한 채 타인을 억압하는 일에 가담했음을 알면 그들은 충격을 받으리라. 물론 절대 고의는 아니었겠지만.

나는 트랜스 젠더이자 페미니스트다. 나의 20대 여성 친구 대부분이 페미니스트지만 스스로를 페미니스트라고 부르는 사람은 거의 없다. 우리 트랜스 젠더들은 우리가 남들과 동등하다고 생각한다. 남들이 동의하지 않더라도 상관없다. 우리는 남성 동료들만큼 돈을 벌고, 그들만큼 발언하고, 공적·정치적 삶에서 우리의 모습을 드러내기 위해 분투한다. 우리는 실제로 진보를 이루었다. 페미니즘을 통해, 그리고 다리 사이에 무엇을 달고 태어나든 사람이라면 평등하게 대우받아야 한다는 믿음을 통해. 누가 이에 반대하겠는가? 데일 스펜더가 설득력 있게 표현했다.

페미니즘은 전쟁을 치르지 않았다. 어떤 적수도 죽이지 않았다. 강제 수용소를 세우지도, 적을 굶기지도, 잔혹 행위를 가하지도 않았다. (……) 페미니즘의 전투는 교육과 투표권과 더 나은 노동 조건과 길거리 치안과 보육과 사회 복지와 강간 피해자 클리닉과 여성 보호소와 사법 개혁을 위한 것이었다. 누군가 〈나는 페미니스트가 아닙니다!〉라고 말하면 나는 묻는다. 「왜죠? 대체 뭐가 불만이죠?」

중요한 건 이거다. 트랜스 젠더도 유효한 인간이라는 급진적 관념이 불붙인 트랜스 젠더 운동 역시 전쟁을 치르지 않았다. 우리는 아무도 죽이지 않았다. 강제 수용소를 세우지도 않았다. 우리의 전투는 존엄성을 위한, 우리가 단지 우리의 존재 때문에 조롱받고 학대당하고 살해당하지 않을 권리를 위한 전투였다. 우리의 전투는 언론에 의해 프라이버시를 침해당하거나 희롱당하지 않을 법적 자유, 그리고 화장실을 사용할 자유 — 즉 오줌 눌 자유를 위한 전투였다.

패리스 리스

나는 성전환 여부와 무관하게 트랜스 젠더가 진짜로 참된 인생을 살고 있다고 믿는다. 그들의 인생에 시비를 거는 대신 축하를 건네야 마땅하다. 자기 몸에 관한 결정권은 타인이 아니라 자기 자신에게 있으니까.

트랜스 젠더와 모든 여성들이 처한 어려움에는 분명히 많은 유사성이 있다. 건강 문제나 희롱, 일터에서의 차별까지. 여기에 임신으로 종결되지 않는 모든 성적 행위를 반대하는 가부장제의 기초적인 편견도 추가된다. 피임을 반대하는 집단과 레즈비언을 반대하는 집단이 동일하다는 사실에 대학생들은 어리둥절해하곤 한다. 나는 또한 〈그〉와 〈그녀〉를 구분하지 않는 언어, 소녀들에게 자신의 생식 능력을 제어하는 법을 가르치고 (아메리카 원주민들이 젠더에 얽매이지 않는 이들을 부르듯) 〈쌍둥이 영혼〉을 지닌 자들을 일상적으로 받아들이며 그들에게 특별한 역할을 부여하는 독창적인 문화들로부터 배울 점이 많다고 생각한다. 생각해 보면 가부장제, 인종 차별, 민족주의가 지배한 기간은 인류 역사 전체의 5퍼센트에도 미치지 않는다. 그리고 그 세 가지는 전부 실패한 실험인지도 모르겠다.

우리 모두가 지금까지 노력한 덕분에 올봄 대법원에서 결혼을 허가하는 기념비적인 결정을 내렸다.* 하지만 완전한 LGBT 평등을 이루기 위해서는 아직도 할 일이 너무나 많다. 트랜스 젠더가 법적으로 평등하게 대우받지 못하는 문제는 여태 가장 뒷전이었으므로 이제부터는 가장 우선시되어야 할 것이다. 페미니스트라면 알겠지만, 가장 중요한 건 우리의 몸과 마음을 우리 뜻대로 쓸 수 있는 힘이다.

우리는 함께 가장 심오한 교훈을 알아 가고 있다. 가족을 만드는 건 형식이 아니라 내용이라는 것. 사람은 위아래가 없다는 것. 모두 하나로 연결되어 있으니까.

글로리아 스타이넘

페미니즘의 종류는 세계의 여성 수만큼이나 많다.

캐슬린 해나

---

* 2013년 미 대법원에서 결혼을 〈남녀 사이의 법적 결합〉으로 규정한 조항이 위헌이라고 판결한 일을 말한다.

페미니스트 교차성을 위한 선언문

지난 유니스

> 주변부에 주의를 기울이지 않으면, 권력의 위치가 중첩되는 교차성을 인정하지 않으면, 우리는 우리의 활동 사이에서 추락해 버리는 여성들을 보지 못할뿐더러 서로를 향해 비난을 겨누게 될 것이다.
>
> 킴벌리 크렌쇼

1989년 페미니즘 학자 킴벌리 크렌쇼가 교차성 이론을 최초로 개진했다. 크렌쇼는 흑인 여성이 인종 차별과 성차별 양쪽 모두를 경험한다는 사실이 여성으로서의 삶과 페미니즘에 참여하는 방식에 어떤 영향을 미치는지 설명하기 위해 교차성이라는 개념을 도입했다. 이 이론의 요지는 인종 차별, 성차별, 호모포비아, 트랜스포비아, 장애인 차별, 계급주의 등 다양한 형태의 억압이 각각 개별적으로 작용하는 것이 아니라는 점이다. 억압들은 만나고, 중첩되고, 때로는 서로를 강화한다. 그래서 어떤 사람들은 동시에 두 가지 이상의 차별을 감당하며 다중 전선에서 싸워야만 한다. 교차성 페미니즘은 여성이 성차별에 맞서 싸우는 동시에 치러야하는 여러 전투를 누락시키지 않으려 한다.

교차성 페미니즘은 여성들이 서로 다른 배경에서 왔다는 사실을 염두에 두며, 특정 집단에 보다 유리하게 돌아가는 현 체제에서 이득을 보는 사람이 우리 자신일 수도 있음을 인정한다. 우리가 성차별이라는 형태의 억압에서 일방적으로 불리한 쪽에 놓일지라도 인종 차별을 비롯한 다른 형태의 억압에서는 가해자가 될 수 있음을 이해한다면 〈모든〉 여성과 강력한 연대를 구축할 수 있다. 오드리 로드가 말하듯 〈한 명의 여자라도 자유롭지 못하다면, 그녀의 족쇄가 내 족쇄와 전연 다를지라도, 나 역시 자유롭지 못하다〉.

페미니즘은 기본적으로 여성에 의한, 여성을 위한 운동이다. 예를 들어, 나는 아시아 여성이다. 페미니즘 운동에 활발히 참여하고 여성들 사이의 연대를 구축하는 데 열을 올리고 있다. 그러나 많은 페미니즘 공간에서 나는 아시아인으로서의 정체성과 페미니스트로서의 정체성을 구분해야 한다고 느낀다.

나는 페미니즘 공간에서 여성들이 히잡을 〈억압적〉이라고 묘사하는 걸 들었고, 그래서 어렸을 적엔 나 역시 자랑스레 히잡을 쓰고 다녔다는 고백을 할 수 없었다. 히잡을 벗은 이유도 말하지 못했다 — 무슬림 여성과 그들이 받는 〈억압〉을 둘러싼 지극히 부정적인 고정관념을 심화시킬까 두려웠기 때문이다. 무슬림 가정에서 성장한 아시아 여성으로서, 나는 종교적 갈등과 인종 차별을 경험한다. 영국 사회의 젊은 여성으로서, 나는 매일 캣콜링과 교활한 강간 문화를 경험한다. 영국 사회의 젊은 아시아 여성으로서, 나는 이 모든 걸 경험한다 — 때로는 동시에.

페미니즘 공간은 차이를 적대하기보다 수용해야 한다. 차이를 무시하는 것은 특정 여성들, 대개는 우리 사회 가장 주변부에 위치한 여성들의 경험을 지운다는 뜻이다.

젠더와 성과 페미니즘 사이의 상호 작용에도 해당하는 얘기다. 주류 페미니즘 운동에서 레즈비언과 바이섹슈얼과 트랜스 젠더, 즉 LBT를 수용하는 것은 매우 중요한데, 특히 영국에 이들 여성들을 위한 서비스가 거의 없으며 현재 가정 폭력 관련 서비스에 대한 지원 삭감으로 소수자인 피해자들이 제일 심각한 타격을 입고 있기 때문이다.

가장 가혹한 억압은 때로 인종과 성의 교차점에서 나타난다. LBT에 속하는 흑인과 소수 인종 여성들은 호모포비아와 트랜스포비아는 물론 성차별에 더하여 인종 차별까지 겪는다. 흑인과 소수 인종 여성의 가족과 공동체는 많은 경우 인종 차별에 맞서 싸울 지지 기반이 되어 주지만, LBT 여성들에게는 그들의 공동체가 최대의 장벽으로 작용할 수도 있다.

2015년 케임브리지 대학 학생회 여성 운동의 흑인 및 소수 인종 분과에서 〈나는 여자가 아닌가?〉라는 캠페인을 벌였다. 행사의 일환으로 자기 정체성을 뚜렷이 확립한 흑인 및 소수 인종 여성들을 초빙하여 대학 생활 경험을 듣는 대화의 시간이 마련되었다. 여기서 한 익명의 여성이 들려준 이야기가 유독 마음에 남는다. 그녀는 성 정체성을 드러내지 못하는 바이섹슈얼 유색 인종 여성으로서 추방당할 걱정 없이 안전한 〈자신의〉 공간을 찾을 수 없다고 말했다. 마지막 한마디가 강렬했다. 「흑인 퀴어 여성에게도 공간이 필요합니다.」 인종과 성, 동성애 혐오의 억압이 그녀를 짓눌렀을 것이다. 이러한 억압들을 각각 개별적으로 다뤄서는 문제를 말끔하게 해결할 수 없다. 인종 차별적이고 호모포비아적인 우리 사회의 맥락에서 흑인 퀴어 여성의 경험은 백인 퀴어 여성의 경험과 분명히 다르다.

때로는 주류 미디어도 실제 여성들의 인생 경험에 〈어쩔 수 없이〉 귀를 기울인다. 〈포커스 E15 어머니 캠페인〉이 하나의 예다. 2014년 12월 『가디언』 기사에 따르면, 이 캠페인의 주체는 〈올해 사회적 주거를 정치적 의제에 올리려 다른 누구보다 애쓴〉 집단, 즉 집에서 쫓겨날 위기에 처한 싱글 맘들이었다. 그들은 수년에 걸쳐 젊은 싱글맘을 악마로 묘사해 온 미디어와 맞서 싸운 끝에 결국은 자신들의 이야기를 사람들에게 들려줄 수 있었다.

페미니즘은 긴축 재정과 예산 절감이 무엇보다 특권층에 속하지 않은 여성들에게 커다란 영향을 준다는 사실을 염두에 두어야 한다. 진정한 해방을 원한다면 〈모든〉 여성을 지지해야 한다. 소외 계층의 목소리를 우선순위로 올리면 백인, 비장애인, 시스젠더, 이성애자, 중

산층에 특권을 주는 사회의 많은 불평등을 해결하는 데 도움이 될 것이다. 『가디언』의 칼럼니스트이자 〈미즈 언더스투드 파트너십MsUnderstood Partnership〉의 수장 칼린 퍼민은 2015년을 끝으로 자신이 맡던 칼럼 지면을 젊은 사람에게 넘겨줄 생각이라고 한다.[*] 지금껏 충분히 목소리를 내지 못한 사람들에게 발언권을 주고 그들을 지도자의 위치에 세우는 것 또한 제대로 균형을 잡기 위한 하나의 방법이다.

교차성 페미니즘을 통해 우리는 우리가 여성으로서 경험하는 사회뿐 아니라 젊은 사람, 나이 든 사람, 퀴어, 흑인, 장애인, 빈곤층, 부자, 트랜스 젠더, 여성, 남성, 노동자, 부모, 운동가, 학생으로서 기를 쓰고 살아가는 사회를 이해할 수 있다. 교차성 페미니즘은 우리의 투쟁을 규정하고 비판하게 하는 렌즈이자 페미니즘을 보다 포괄적으로 확장시킬 수 있는 유일한 열쇠다. 교차성 페미니즘이라는 렌즈를 통해 우리는 타인의 경험에 대한 감수성을 높이고, 우리가 직접 만들지는 않았지만 유지시키는 데 한몫하고 있는 체계로부터 누리

---

[*] 실제로 칼린 퍼민은 이 글이 쓰인 2015년 자신의 칼럼 〈위기의 소녀Girl in the Corner〉를 중단했다.

는 이득을 인지하며, 여성 문제뿐 아니라 모든 형태의 억압과 관련된 정의와 부정의에 대해 배울 수 있다. 시인 스테이시앤 친의 말을 빌리자면, 〈모든 억압은 연결되어 있다〉.

나는 페미니즘이 정확히 무엇인지 결코 알아낼 수 없었다. 내가 아는 건 단 하나, 내가 바닥 깔개와 달리 감정을 표현할 때마다 사람들이 나를 페미니스트라고 부른다는 사실이다.

리베카 웨스트

어디에나 구원의 얼굴을 부여하고자 하는 우리 문화에서 분노는 누구와도 어울리지 않는다. 그러나 특히 여성과 어울리지 않는다. 사람들은 화내는 여성을 몹시 두려워한다. 화내는 여성을 누구보다도 겁내는 건 다른 여성들이다. 그들은 생각한다. 세상에, 내가 뚜껑을 열면, 우리는 어디로 가게 될까?

클레어 메서드

가끔 남녀가 진짜 서로 잘 맞긴 한 건지 의심스럽다. 옆집에 살면서 가끔 만나는 사이가 제일 좋을지도.

캐서린 헵번

이건 페미니스트의 호들갑이 아니다: 여성을 침묵시키는 언어

앨리스 스트라이드

「자기 아주…… 〈흥분〉했구나.」 그가 말했다.

우리는 프렌치 레스토랑에서 라클레트 요리의 녹은 치즈를 감자 위에 올려 먹는 중이었고, 내가 남녀의 임금 격차에 대해 이야기하며 마구 손짓을 하는 통에 테이블에 놓여 있던 잔에서 적포도주가 몇 방울 튀어나왔다. 과연 나는 아주 〈흥분〉해 있었다(약간은 분노해 있기도 했고). 그러나 그가 고른 단어 — 그리고 말투 — 에 움찔해서 입을 다물고 말았다. 물론 오래는 아니었다. 나는 의식의 흐름을 거의 쉼 없이 입 밖으로 내뱉고 영화 장면을 시시각각 분석하는 습관을 가진 바람에 형편없는 영화관 동행으로 정평이 나 있는 사람이었다. 「타이타닉이 〈빙산에 부딪쳤어〉. 이건 잭과 로즈에게 문제가 닥칠 거라는 뜻이지. 장담하는데 〈앞으로 비극이 일어날 거야〉.」

 그러나 바로 그 순간만큼은, 찍소리도 할 수 없었다. 내가 〈흥분〉해선 안 되는 사람인 것만 같았고, 내가 너무 많은 공간을 차지하고 너무 오랫동안 말을 하고 있는 것만 같았다. 〈흥분〉이라는 단어는 〈히스테리컬한〉이라는 단어와 그리 멀지 않다 — 그리고 〈히스테리컬한〉은 세상에 존재하는 단어 중 가장 젠더화된 것이다. 나는 입을 다물었고 우리는 다른 화제로 넘어갔다.

 그 못된 남자가 누구냐고? 〈감히〉 어떻게 그런 말을 하느냐고? 독자여, 그는 못된 남자가 아니다. 그는 나의 멋진 남자 친구다. 그는 훌륭한 교사인 홀어머니 아래서 자랐으며, 스스로를 페미니스트로 규정한다. 내 인생 최고의 치어리더인 그는 내가 소속된 여성 축구팀의 코치기도 하다(토트넘 핫스내치 친구들, 안녕!). 그는 강한 여성에게 겁을 먹기는커녕 오히려 매력을 느끼는 사람이다.

 그렇다면 이런 훌륭한 남자 — 페미니스트인 남자, 훌륭하고 강인한 여성들과 깊은 관계를 맺는 남자, 〈팀 이퀄리티Team Equality〉의 회비를 완납한 정회원인 남자 — 조차도 부지불식간에 여자를 침묵시키고 있다는 건 무슨 의미일까? 내 남자 친구는 자신이 나를 때려눕히고 있는 줄도 모른 채 세 단어를 〈미묘하게〉 비웃는 어조로 내놓았다. 왜 그랬을까? 그의 말이 노골적인 여성 혐오 표현은 아니다. 그가 일부러 내 입을 막고자 했던 것도 아니다. 조지 마이클의 명곡을 들먹이자면, 그의 말이 〈성차별적인 속삭임〉*이었기에 죄 많은 나는 그만 발을 헛디디고 만 것이다.

가부장적 사회에 사는 우리에게 전혀 뜻밖의 일은 아니다. 제일 괜찮은 남자조차 무의식중에 여자의 입을 다물게 한다는 것. 공인들의 선례도 썩 좋지 못하다. 남성 지도자들은 툭하면 혼자 1950년대로 돌아가 여성 동료들을 질겁하게 만들고, 침묵시켜 버린다.

코미디언이자 TV 스타인 대니얼 오라일리(대퍼 래프스라는 이름으로 활동하는 그 사람 말이다)는 2014년 스칼라 극장에서 (이해할 수 없는 이유로) 매진된 쇼에서 객석의 한 여성에게 〈당신 강간당하고 싶죠?〉라고 말했다. 2007년, 호주 정치인 빌 헤퍼먼은 호주 최초의 여성 총리 줄리아 길러드를 가리켜 〈의도적으로 석녀가 되길 선택했기 때문에 인생을 모른다〉고 말했다.

* 조지 마이클의 1984년 발매곡 「경솔한 속삭임Careless Whisper」의 패러디.

(마침 언어에 대해 얘기하고 있으니 말인데 — 헤퍼먼 씨, 그 문장에서 〈의도적으로〉와 〈선택〉을 이중으로 쓸 필요는 없었습니다. 고맙다는 인사는 됐어요.)

2015년 6월 노벨상을 수상한 생리학자 팀 헌트 경은 남한에서 열린 한 콘퍼런스에서 연구실에 〈여자들이 있는 게 문제〉라고 발언했다. 이 실패한 농담으로 인해 헌트 경은 대단한 역풍을 맞아야 했는데 — 미디어에서 난리법석을 친 것은 차치하고, 그 강연에 참석한 〈여자〉 몇몇은 질겁했으리라 확신한다.

미국의 잘난 친구들도 처신이 나을 것 없다. 라디오 프로그램 진행자 러시 림보는 힐러리 클린턴을 〈일개 비서〉라고 폄하했다(그녀는 〈국가의 비서〉, 즉 국무 장관이었다). 2015년 4월, 폭스 뉴스에 출연한 에릭 에릭슨은 클린턴의 대통령 출마에 대해 어마어마한 발언을 내놓았다. 「그녀는 늙을 겁니다. 주름을 얼마나 탱탱하게 펼 수 있을지 모르겠군요.」

이 남자들, 지긋지긋하고 못된 성차별주의자 무리는 겁을 먹고 있다. 그래서 자신들이 유일하게 이해할 수 있는, 여자가 순전히 장신구에 지나지 않았던 시대의 케케묵은 복고풍 여성성을(혹은 그 부재를) 여성들 안에서 짚어 내며 그로써 상대를 깎아내리고, 무장을 해제하고, 입을 다물게 한다. 그들이 쓰는 성차별주의적인 단어들을 듣고 그들의 딸과 친구들과 아내와 누이들은 어떤 기분이 들지 궁금하다. (임금 평등 조항에 〈반대〉한 남성 의원 일곱 명에게 딸이 있다는 사실을 알게 됐을 때의 충격이란. 그래서야 딸의 눈을 똑바로 볼 수 있겠는가?)

남성의 목소리에는 종종 여성의 목소리보다 커다란 특권이 주어진다. 엄밀히 말하자면 거의 언제나 그렇다 — 그게 2015년에도 〈나대는〉 여자(즉, 자기 의견을 표현하는 여자)가 희귀종 조류처럼 대우받는 이유다. 그런 여자는 너무나 드물어서 심지어 페티시가 될 지경이다. 가수 릴리 앨런이 처음 대중에게 자신을 각인시켰던 시기가 떠오른다 — 당시 열일곱 살이었던 나는 현기증이 날 정도로 기뻤다. 릴리는 맛깔나게 자기 의견을 표명했고, 거침없이 헛소리를 헛소리라고 불렀다. 나보다 고작 몇 살 위인데도! 그러나 내 친구는 내가 릴리 앨런에 열광하는 이유를 이해하지 못한 채, 그녀더러 〈공격적〉이고 〈너무 시끄럽다〉고 했다. 내 친구에게 릴리 앨런은 충격적이었고 따라서 불쾌했다. 그러나 록 밴드 오아시스의 갤러거 형제를 〈공격적〉이고 〈너무 시끄럽다〉라고 말할 사람이 있을까? 눈을 씻고 찾아도 없다. 나대는 남자는…… 그냥 자기 인생을 사는 남자일 뿐이다. 반면 나대는 여자는 〈공격적〉이라는 딱지가 붙거나 동물원의 이국적인 앵무새처럼 관찰 대상이 된다.

친구들에게 노골적인 것이든 은근한 것이든 성차별적인 말을 들은 적이 있다면 알려 달라고 부탁해 보았다. 한 친구는 (남성) 상사로부터 자신이 보내는 이메일에 대해 〈방정 떨지 말라는〉 말을 들었다. 한 친구는 삼촌에게 독일어를 배우겠다고 말했다가 즉각 〈독일 남자 친구를 사귀고 싶구나〉라는 대꾸를 들었다. 광고 회사에서 일하는 한 친구는 탁월한 프레젠테이션으로 귀중한 거래를 지켜 낸 직후 남성 동료로부터 〈기특한 아가씨〉라는 말을 들었다(내 친구는 서른네 살이다). 한 친구는 전 남자 친구에게서 〈원래는 남자의 일〉인 업무를 너무 잘해 내서 놀랍다는 말을 들었다.

내 친구들 중 누구도 이런 말들에 대응하지 못했다. 성차별에 조리 있게 대응하는 건 정말 끔찍이 어려운 일일 수 있고 — 그런 뒤 우리는 영원히 고통받는다.

〈30분 전 그가 그 얘길 꺼냈을 때, 대체 왜 이렇게 대꾸할 생각을 못 했지?〉 지나가 버린 순간이다 — 그러나 처음엔 당황해서, 이윽고 천천히 분노가 치밀어서 당신은 그 순간으로부터 헤어나지 못한다.

논리 정연하게 대응하기가 그토록 어려운 이유는 단어와 어조가 미묘하려면 한없이 미묘할 수 있기 때문이다. 또한 언어에 성차별이 얼마나 녹아 있는지 남자들에게 이해시키기가 거의 불가능에 가깝기 때문이기도 하다. 〈당신이 뱉은 《말》이 아니라 《말투》가 문제였어〉라는 표현이 전형적인 〈여자 언어〉로 여겨지는 까닭은, 실제로 여성들이 오랫동안 가부장제 사회에서 살며 사람들의 〈말투〉에 극히 예민해졌기 때문이다. 우리는 스펀지로 만들어진 것도 아닌데 태초부터 성차별적인 헛소리를 끝도 없이 흡수해야만 했다. 우리가 뉘앙스에 민감한 건 지극히 〈당연하다〉.

내가 속한 전국 가정 폭력 구호 단체 〈위민스 에이드 Women's Aid〉는 여성과 소녀들에게 가해지는 폭력의 뿌리로 작용하는 성차별적 행동과 언어를 근절하자고 외친다. 성차별적이고 여성 혐오적인 문화가 어찌나 여성의 가치를 폄하하고 여성을 비인간화했는지, 심지어 어떤 남성들은 여성을 학대하는 것이 자신의 권리라고 — 남자에겐 그럴 〈자격〉이 있다고 생각하기에 이르렀다. 위민스 에이드에서는 지난 40년 동안 가정 폭력 생존자를 원조해 왔는데, 피해자 여성들의 이야기를 들어 보면 하나의 공통점이 있다. 학대가 천천히, 거의 인지하기 어려울 만큼 완만하게 진행되었다는 사실이다. 그들의 영혼은 야금야금 갉아먹혔다. 더러는 폭력적이고 성차별적인 언어로 시작하기도 했다. 「멍청한 여편네 같으니. 그거 알아? 당신은 무식해.」

폭력은 곧 일상이 되었다. 여성을 둘러싼 공포, 두려움과 걱정의 먹구름이 예삿일이 되고 여성들은 금세 삼켜졌다. 정신적 학대는 이렇듯 힘이 세다. 언어의 힘을, 그리고 여성을 강압적으로 통제할 때 언어가 하는 역할을 과소평가해선 안 된다. 위민스 에이드를 비롯한 여성 단체들의 캠페인 덕분에, 다행인지 〈이제야〉 언어의 힘이 심각하게 받아들여지기 시작했다. 중범죄법에 각종 강압적·통제적 행동과 정신적 학대를 범죄로 규정하는 새로운 가정 폭력법 제76조가 도입되었다. 잉글랜드와 웨일스에서 일주일에 평균 두 명의 여성이 현재 혹은 과거의 파트너에게 살해당하는 지금, 제76조의 도

입은 결코 시기상조가 아니다.

물론 성차별적 발언을 하는 남자가 전부 여성을 학대한다는 터무니없는 주장을 하려는 건 아니다. 그러나 성차별적 언어는 당장은 아무리 사소하고 하찮아 보일지라도 근절되어야 한다.

왜냐고? 단어야말로 모든 것의 구조를 짜는 직물이니까. 단어에는 선거에 당선시키고 전쟁을 시작하고 사람들을 사랑에 빠뜨리는 힘이 있다. 단어는 인생을 구할 수도, 결혼도 구할 수도 있다. 단어는 위안이자 무기다. 단어는 인생의 심장이다.

우리를 헛발질하게 만드는 성차별적 속삭임들을 없앨 힘이 필요하다. 우리의 형제, 친구, 연인, 아버지의 입에서 나오는 말이라 해도 마찬가지다. 이 문제는 사회 상부에서부터 시작되지만 그럴수록 밑바닥에서부터 풀어 나가야 한다. 성차별적 언어 문제를 해결하지 못한다면 여성은 영영 2등 시민 지위에서 벗어날 수 없을 것이다. 여성들을 괴롭히는 게 자신의 엿 같은 〈권리〉라고 생각하는 일부 남자들을 저지하기 위해, 자기 개인의 결정으로 한 여성의 인생을 끝장낼 수 있다고 믿는 일부 남자들을 저지하기 위해 필요한 변화는 언어에서부터 온다.

가까운 남성 친척과 페미니즘에 대한 대화를 나눈 적이 있다. 페미니즘이 왜 필수 불가결한지, 내가 왜 성차별과 불평등에 분개하고 더 나은 세상을 주장할 권리를 행사하는지 얘기하자, 그는 〈이제 전보다 여자들은 상황이 나아졌으니〉 더 맞서 싸울 것은 없다는 궤변을 늘어놓았다.

「너희 〈페미니스트〉들의 문제는, 이젠 내가 〈아무 말〉도 못 하게 만들었다는 거야. 〈농담〉인데도 말이지. 모든 것에 대해 〈히스테리〉를 부려 대니 말이야.」

이렇게 그가 단번에 내 주장을 증명해 주었으니, 고마워 죽겠네, 정말로.

나는 여자들이 남자들에게 힘을 발휘하길 바라지 않는다. 자신들에게 힘을 발휘하길 바란다.

메리 울스턴크래프트, 『여성의 권리 옹호 *A Vindication of the Right of Woman*』

페미니즘은 여성을 더 강하게 만드는 게 아니다. 여성은 이미 강하다. 페미니즘은 그 힘을 받아들이는 세상의 방식을 변화시키는 것이다.

G. D. 앤더슨

제목을 『예스 플리즈 *Yes Please*』라고 지은 건, 우리가 이 말을 위해 끊임없이 투쟁하고 있기 때문이며 이 말이 흔히 정답이기 때문이다.

우리가 무엇을 원하는지 알아내고, 그것을 요구하고, 더는 그에 대해 말하지 않아도 될 날이 올까요? 네, 제발요.

우리가 약해지면서도 힘을 얻을 수 있을까요? 네, 제발요.

내가 공간을 차지해도 될까요? 네, 제발요.
혼자 있고 싶다고요? 네, 제발요.

에이미 폴러,『예스 플리즈』

나는 스스로를 페미니스트라 부른다

준 에릭어도리

처음부터 스스로를 페미니스트라 부르진 않았다. 심지어 내 입에서 그 단어가 나오는 일은 없으리라 맹세하기까지 했었다. 페미니즘에는 딸린 짐이 너무 많으니까. 페미니스트에 대한 긍정적인 평은 듣도 보도 못했으며, 엄마는 내게 페미니스트들이 그저 남편을 얻지 못해 화가 난 질투심 많은 여자들이라고 나지막이 경고했다. 나는 페미니스트들이 남자를 절멸시키고 싶어 하는 사람들, 브래지어를 태우는 레즈비언들이라고 들었다. 지금 생각하면 명백히 성차별인 내용에 대해 선생님에게 이의를 제기하자 〈기독교인 어머니 손에 얌전하게 자란 착한 소녀들은〉 그런 질문을 하지 않는다는 대답만 돌아왔다. 나는 결코 페미니스트가 되지 않겠다고 다짐했고 페미니스트라는 라벨을 거부했다.

너무 많은 질문을 던지는 걸 그만두고 〈지나치게〉 말하는 것도 그만두자 가족과 친구들이 축하를 건넸다. 남자들은 시끄러운 여자를 싫어하니까.

그러나 나이가 들수록 나는 내가 말하고, 질문하고, 소리치고, 공간을 차지하고 싶은 욕구와 싸우고 있음을 깨달았다. 얼마간은 두 손을 깔고 앉아 혀를 깨물고 있었지만 오랫동안 그럴 수 없었다. 일상적으로 접하는 성차별에 화가 났다. 그것에 대해 말하고 싶었다. 엄마가 휘파람은 남자애들만 부는 거라고 말한 까닭, 수학을 잘할 거라고 기대받는 건 남자애들뿐인 까닭을 묻고 싶었다. 엄마가 〈착한 여자는 눈에 보이되 귀에 들리지 않으니〉 조용히 하라고 말했을 때는 허파 속 공기가 동날 때까지 비명을 지르고 싶었다. 내 주위를 둘러싼 젠더 문제에 의문을 〈제기해야만〉 했기에, 열한 살이 되었을 때 난 결심했다. 〈다 집어치워. 이제부터 나는 나를 페미니스트라고 부를 거야.〉

나이지리아에서 보낸 유년기 내내 나는 제도적 성차별과 여성 혐오에 둘러싸여 있었다. 남편에게 가정 폭력을 당하는 여자들은 그래도 남편이 있어서 〈행운〉이라는 말을 들었다. 디너파티에서 사람들은 엄마가 아빠에게 딸을 셋만 〈주었다고〉 농담을 던지고, 아들을 낳을 수 있을지 행운을 시험해 보라고 부추겼다. 나는 강간당하고서 자살한 여성들의 끔찍한 이야기를 들었다. 아홉 살, 열 살밖에 안 된 이웃의 꼬마들이 아버지뻘이나 심지어는 할아버지뻘인 남자와 결혼하는 걸 목격하면서 눈을 의심하기도 했다.

열한 살의 나는 절실하게 뭐라도 하고 싶었다. 스스로를 페미니스트라 부르는 것이 그 첫 단계 같았지만, 이는 동시에 위험한 한 걸음이기도 했다. 그럼에도 나는 한 걸음을 내디뎠다. 나는 스스로를 페미니스트라 불렀다. 페미니스트가 〈된〉 건 아니다. 전부터 이미 젠더 평등의 가치를 믿으며, 그것을 추구하고 있었으니까. 스스로를 페미니스트라 부르는 것은 앉은 자리에서 일어나, 여자도 사람이며 해방될 권리가 있다고 소리 높여 말한다는 뜻이었다. 스스로를 페미니스트라 부르는 것은 침묵을 깨고, 공모에서 벗어나고, 여성 해방을 위한 싸움에 동참할 것임을 선언하기 위한 첫걸음이었다. 나는 곧 억압과 여성 혐오와 여성에 대한 폭력이 유해한 역병과 다르지 않음을 깨달았다. 모든 곳, 모든 것에 성차별이 존재했다. 열한 살의 나로선 감당하기 어려울 정도였다. 이렇게 보편적으로 퍼진 문제가 이렇게 무시되고 있다는 사실에 나는 지치고 좌절했다.

가장 좋아하는 공간인 교회에도 역시 성차별이 만연하다는 사실을 나는 알게 되었다.

무척 독실한 가정에서 자랐기에, 기독교를 비롯해 대부분의 종교가 여성을 억압하고 여성의 기본적 인권을 부인하는 데 동참할 수 있다는 가능성조차 생각지 못하던 터였다. 과거에나 지금이나 교회는 내가 성차별과 여성 혐오에 대한 저항을 어렵게 생각하는 유일한 공간이다. 여자는 〈비이성적이고 감정적〉이기 때문에 아기에게 이름 붙이는 역할은 남자가 맡아야 한다는 목사의 말을 듣고 나는 화가 치밀었다. 그렇지만 목사가 짧은 치마를 금지시키며 〈안내원에게 옷을 입혀 달라고 하든지〉 하고 농담을 던졌을 때조차 나는 아무 말도 하지 않았다.

교회에서 발언하고 싶은 욕구를 누르기란 어려웠다. 물론 항상 입을 다물고 있었던 건 아니다. 낙태에 관한 토론이 시작되었을 때 나는 여자가 요구할 경우 낙태를 허용해야 한다고 주장했다. 〈생명을 옹호〉하는 사람들로 가득한 방 안에서 그건 〈잘못된〉 발언이었지만, 스스로가 자랑스러웠다. 나 역시 과거에는 낙태를 반대하는 생명권 우선파였고, 선택권 우선파로의 전환은 큰 발걸음으로 여겨졌다. 나는 복도로 끌려 나가 조용히 타이르는 소리를 들었다. 내가 〈백인〉이라는 생각을 그만두고, 내 출신을 기억해야 한다고. 나를 오염시킨 〈페미니즘〉은 내 문화의 일부가 아니며 내 종교와 양립이 불가능할뿐더러 아프리카답지 않다고.

페미니스트가 되기란 힘든 일이다. 게다가 종교를 가지면서 동시에 페미니스트가 되는 건 가끔 불가능에 가까운 듯 느껴졌다. 나는 여자가 남자에게 〈순종〉해야 한다는 개념에서부터 여자가 자기 신체의 온전한 자주권을 가져야 한다는 개념까지, 별별 주제를 놓고 어머니와 수없이 다퉜다. 내적 갈등을 느낀 적도 여러 번이었다. 〈진짜〉 페미니스트가 되기 위해서는 기독교를 버려야 할까? 나는 이 문제의 정답을 찾지 못했고, 아마 영원히 찾지 못할 것이다. 생각하건대, 페미니즘을 특별하게 만드는 건 까다로운 질문에 정해진 확답이 없다는 사실이다. 변화를 향한 이 급진적인 운동 속에서 우리는 스스로 답을 찾아내야 한다.

너무나 많은 소녀들이 페미니즘을 외면한다. 나는 사춘기에 접어들어 자신감을 잃고 〈야망 있다〉라거나 〈으스댄다〉라는 말을 듣기 싫어서 스스로를 옭아매는 여자아이들을 여럿 보았다 — 나 역시 겪은 일이다. 과거의 나는 다른 사람이 나를 어떻게 볼지 하염없이 걱정했다. 남들의 호감을 사고 싶었다. 안 그런 사람이 있을까?

　내가 페미니스트인 이유는 혁명을 일으키고 싶기 때문이다. 소녀들과 성인 여성들은 〈언제나〉 몸가짐을 조신하게 하고 사회의 조용한 구경꾼 역할에 만족하길 기대받는다. 다 헛소리고, 모든 여자들이 그 사실을 깨달았으면 좋겠다. 더 많은 여자들이 호감을 사야 한다는 강박 관념에 대고 가운뎃손가락을 쳐들었으면 좋겠다. 더 많은 소녀들이 스스로의 안에서 세상을 흔들어 놓을 잠재력을 보았으면 좋겠다. 더 많은 소녀들이 이중 잣대와 글러먹은 현실을 직시하고 남들 생각엔 신경을 껐으면 좋겠다.

　더 많은 여성들이 빛나는 자기 자신의 모습을 지키는 것이야말로 가장 혁명적인 행동임을 알았으면 좋겠다. 10대의 내가 페미니즘에 빠진 건 내게 자유로울 권

112

리가 있음을 알았으며, 그 자유를 얻기 위해 싸우고 반항할 의향이 있었기 때문이다. 열일곱 살을 목전에 둔 지금, 나는 이제 막 저항을 시작한 기분이다. 나는 절대 순종하지 않는다. 낭패를 볼 줄 알면서도 소녀들에게 강요되는 고정 관념과 규칙을 적극적으로 깨뜨리려 한다. 로럴 대처 울리히가 말했듯 〈품행 단정한 여자가 역사를 만드는 경우는 드무니까〉.

클리셰처럼 들릴지 모르겠지만, 페미니즘이 나를 구했다. 내겐 선택권이 없었다. 페미니스트가 되거나 미쳐 버리거나 둘 중 하나였다. 페미니즘을 알고부터 나는 몇 년 전이라면 상상조차 하지 못했을 많은 일을 할 수 있게 되었다. 나는 더 이상 남자들에게 겁먹지 않았고, 남자의 호감을 사기 위해 나 자신을 깎아내리지도 않았다. 사회의 여성관에 반기를 든 여자들에게 둘러싸인 덕분에 〈여자〉가 된다는 것에 대한 사회적인 기대에서 벗어날 수 있었다. 나는 내가 외톨이가 아닌 공간을 찾았고, 연대와 사랑도 찾았다.

무엇보다도 페미니즘은 나로 하여금 존재할 수 있도록 허가했다.

아이와 어른을 막론하고 여자들은 너무나 자주 그런

허가를 받지 못한다. 우리는 우리가 된다는 것이 어떤 의미인지 남들에게서 듣는다. 우리는 지도를 받고, 산더미 같은 규칙을 따라야 한다. 고분고분 말을 듣지 않으면 수습 불가능한 심각한 문제가 생긴다. 우리는 작은 상자에 갇힌 채 짓눌리는데, 여성들에게 있는 그대로 자신답게 살도록 허가하면 사회 내 기득권을 지키고 싶은 이들이 위협받기 때문이다. 그래서 우리는 우리를 옭아매는 충족 불가능한 기대를 충족시키지 못할까 봐, 즉 실패할까 봐 끊임없이 걱정하게 되었다. 이에 나는 이렇게 답하겠다. 「헛소리 집어치워.」 이제 모든 소녀들에게 사람으로 존재할 허가가 주어지기 바란다. 페미니즘은 내가 나 자신이 되도록 허가했다. 시끄럽게 소리 내고, 울고, 말하고, 아무도 보지 않는 것처럼 춤추고, 저항하고, 지지하고, 있는 힘껏 큰 소리로 노래하고, 사랑하고, 질문할 권리를 주었다.

저널리스트이자 작가인 모나 엘타하위는 중동과 북아프리카의 소녀들에게 말했다. 「뻔뻔해지고, 반항하고, 거역하고, 당신에게 자유로워질 권리가 있다는 걸 기억하세요.」 이 말은 내 만트라다. 〈모든〉 소녀들과 성인 여성들이 뻔뻔하고 말 안 듣는 반항아들이 되길 바란다. 여성 해방의 전투에서 이길 유일한 방법은 세상이 우리에게 기대하는 무시무시하게 끔찍한 〈여성성〉으로부터의 집단 탈주뿐이니까.

　나는 스스로를 페미니스트라 부른다. 나는 페미니스트다. 무엇도 이를 바꿔 놓진 못하리라.

———————

    대학 시절 한 교수는 모든 여성들이 〈강간 스케줄〉에 따라 산다고 말했다. 처음 그 표현을 접했을 땐 무척 당혹스러웠지만 설명을 마저 듣고선 무릎을 탁 쳤다. 무슨 뜻인지 완벽히 이해할 수 있었다. 나만 그런 건 아닐 거다. 여자들은 (의식적으로든 무의식적으로든) 강간당할지 모른다는 끊임없는 공포에 시달리며 하루 종일 자기방어적인 행동을 한다. 집에 돌아가는 길에는 열쇠를 손에 꼭 쥐고, 차에 타자마자 문을 잠그고, 특정한 길은 피해 다니는 등 예방 조치를 취한다. 조심하는 것 자체는 나쁘지 않다. 하지만 일상 속에서 단지 여성이기 때문에 특정한 행동들을 해야 한다니 놀랍지 않은가. 결국 늘 교도소에 갇혀 사는 것이나 본질적으로는 마찬가지다. 길거리든 집이든, 어디서도 우리는 안심할 수 없다. 위험하다는 느낌에 너무나 익숙해진 나머지 끊임없이 위험을 느끼는 게 얼마나 부조리한지조차 직시하지 못한다.

제시카 발렌티, 『전라의 페미니즘 *Full Frontal Feminism*』

    2013년 포스터상을 수상하고 며칠 지나지 않아 기자들은 벌써 내게 묻기 시작했다. 「차기작은 뭐에 대한 거죠?」 마치 내가 페미니즘에 대해 할 말은 다 했다는 듯이. 혹은 내가 이미 모든 문제를 해결했다는 듯이. 모든 여성 혐오주의자들이 내 책을 읽었고, 내 책과 사랑에 빠졌고, 억압을 모조리 관뒀다는 듯이. 내가 대단한 일을 해내지 않았느냐고? 아니, 그렇지 않다. 오히려 사태를 악화시켰다면 모를까. 남성 코미디언들도 같은 질문을 받는지 궁금하다. 「그래서, 로빈 인스*씨, 벌써 몇 년째 신과 형편없는 책을 비롯해 온갖 것들에 분노하고 있으니, 이제 슬슬 다른 일로 옮겨 갈 때도 되지 않았나요? 로빈, 마임에 도전해 보면 어때요? 우쿨렐레를 배우고 단것과 유령과 진흙에 대한 노래를 부르는 건요?」 앤디 잘츠먼**도 마찬가지다. 지금쯤이면 정치 얘기가 질릴 때도 되지 않았는가? 왜 아직도 생태계나 DIY나 고양이에 빠지지 않았는가?

여성 코미디언이 사회 문제에 대해 열변을 토하면 〈징징댄다〉거나 〈넋두리한다〉는 말을 듣지만, 같은 행동을 하는 남성 코미디언은 원칙에 충실하고 헌신적이며 열정적이라는 평가를 받는다. 예를 들어 마크 토머스***가 무기 거래에 대해 〈푸념을 늘어놓〉는가? 그는 스스로 중요하다고 믿는 문제에 대해 강하고 용감하게 감정을 실어 발언한다. 나는 공적으로 의견을 표현하는 여성의 목소리가 더는 양이나 염소의 울음소리에 비견되지 않는 시대를 기다린다. 5년이나 10년 뒤 내가 무얼 하고 있을지는 모르

* Robin Ince. 〈무한의 원숭이 우리〉라는 과학 프로그램으로 유명한 영국의 코미디언.
** Andy Zaltzman. 주로 정치와 스포츠에 관해 이야기하는 영국의 코미디언.
*** Mark Thomas. 영국의 정치 풍자 코미디언.

겠다. 죽었을지도 모르지. 하지만 지금은 〈나불댈〉 주제가 무수하다. 기자 헬렌 루이스의 말을 빌리자면, 〈페미니즘 기사에 대한 모든 논평이 페미니즘을 정당화한다〉.

브리짓 크리스티

내 생각에, 여성의 신체 이미지에 있어 최초의 진정한 변화는 제니퍼 로페즈가 엉덩이를 내세웠을 때 일어났다. 처음으로 커다란 궁둥이가 미국적 아름다움의 〈주류〉 기준으로 도입되었으니까. 이제 여자들은 큰 엉덩이를 원한다. 남자들은 원래 큰 엉덩이를 선호했다고 부담 없이 인정할 수 있다. 그러고 나서 〈눈 깜짝할 사이〉에 짜잔 — 비욘세가 굵은 다리를 유행시켰다. 이제 빵빵한 엉덩이와 근육질 다리가 널리 선망받기 시작했다. 그때부터 여성들은 다양성을 받아들였고, 아름다움이 체중과 몸매와 무관함을 깨달았다. 하하하. 사실은 그게 아니지. 장난 좀 쳐봤다. 비욘세와 제니퍼 로페즈가 해낸 일은 여성이 아름답게 여겨지기 위해 충족시켜야 하는 길고 긴 세부 목록에 몇 줄 추가한 게 전부다.

오늘날 모든 여자가 가져야 하는 것은 다음과 같다.

- 코카시안의 푸른 눈
- 스페인인의 도톰한 입술
- 고전적인 버선코
- 캘리포니아풍으로 태닝한 아시아인의 털 없는 피부
- 자메이카 댄스홀에서 볼 법한 엉덩이
- 스웨덴인의 긴 다리
- 일본인의 작은 발

- 레즈비언 체육관 관장의 복근
- 아홉 살 소년의 엉덩이
- 미셸 오바마의 팔
- 인형의 가슴

이 모든 것을 가장 근접하게 갖춘 사람은 킴 카다시안인데, 그녀는 알다시피 미국 운동선수들을 파멸시키기 위해 러시아 과학자들이 만든 병기다.

티나 페이, 『**보시팬츠**』

여성적인 정신 따위는 없다. 두뇌는 성 기관이 아니다. 차라리 여성적인 간 얘기를 하라지.

샬롯 퍼킨스 길먼, 『**여성과 경제학** *Women and Economics*』

우리 세대의 이야기

타니아 슈

우리 세대가 자랑스럽기만 한 건 아니다. 더러 우리는 물질주의와 개인주의 문화에 매몰된 듯 보인다. 우리가 부르는 노래의 제목은 〈혁명〉, 〈극복하자〉, 〈나는 여자다〉가 아니라 〈백만장자〉, 〈베이거스에서 눈뜰 때〉, 〈사치〉 같은 것들이다. 우리는 아름다운 집에서 아름다운 물건을 소유하는 것 말고는 별다른 일을 하지 않는 아름다운 사람들이 나오는 TV 프로그램을 소비한다. 역사학도로서 나는 프랑스 혁명가들과 여성 참정권 운동가들과 로자 파크스와 포드사(社) 대거넘 공장의 노동자들에 대해 공부했다. 때로는 이런 생각이 든다. 왜 우리는 그들처럼 될 수 없을까? 왜 오직 자신만을 위해 사는 걸 그만둘 수 없을까? 유언장에 남길 부의 축적보다 아이들에게 보여 줄 도덕적 선례에 대해 더 신경 쓸 수 없을까? 그러나 페미니즘의 테두리 안에서, 나는 우리 세대의 보다 이타적인 면을 본다. 자신이 될 수 있는 최선의 사람이 되고자 노력하는 사람들, 무엇보다 세상을 모두에게 더 좋은 장소로 만들려 애쓰는 사람들을. 나는 이미 페미니즘 여정을 시작한 지 꽤 되었고, 그동안 실수도 여러 차례 있긴 했지만, 이것이 내가 스스로를 페미니스트라 부르는 이유다.

페미니스트 가정에서 자란 건 커다란 행운이었다. 내가 걸음마를 떼던 시기부터 엄마는 내게 팽크허스트 집안 여자들의 인생과 1970~1980년대에 당신이 여성 단체에서 겪은 일들을 들려주었다. 어려서부터 페미니즘의 첫 물결과 두 번째 물결에서 주장하던 가치들을 한꺼번에 받아들였지만, 이제 다시 새로운 물결이 시작되려는 참이며 내가 거기 동참할 수 있다는 사실을 깨달은 건 열여섯 살이 되던 해였다. (1871년 여성 참정권론자에 의해 설립된, 모든 계급 출신의 젊은 여성을 교육시키는 최초의 여학교 중 하나인) 캠던 여학교 6학년에 진급하고 얼마 되지 않아 나는 한 상급생이 페미니스트 클럽을 준비하고 있다는 걸 알고 창립 회원으로 가입했다. 매주 클럽에서 캣콜링과 여성을 걸레라고 비하하는 관습은 물론 일상에 스며든 성차별 언어에 대해 토론하며 점진적으로 페미니즘이 법적 권리와 형식적 평등보다 훨씬 더 많은 걸 아우르는 사안임을 마음 깊이 이해하게 되었고, 다양한 형태의 성차별을 짚어 낼 수 있게 되었다.

우리 클럽에서 처음 벌인 캠페인은, 학생들이 점심 거리를 사러 자주 들르는 학교 맞은편 테스코 지점의 눈높이에 진열된 〈남성〉 잡지에 반기를 든 일이었다. 최고 인기를 구가하는 〈남성〉 출판물의 문구와 강간 범죄자들의 발언이 때로는 구별하기 어려울 만큼 유사하다는 내용을 한 기사에서 읽은 뒤, 우리는 어린 여학생 수백 명이 점심시간에 그런 잡지를 접한다는 사실에 우려를 품게 되었다. 이는 신체 자존감 문제를 악화시킬 뿐더러 성장 중인 여학생들에게 남성의 관심을 끌기 위해 스스로를 대상화해야 한다는 메시지를 무의식적으로 세뇌시킬 우려가 있었다. 또한 여성을 대상화하는 묘사가 우리의 일상에 스며들어 있다는 사실이 페미니스트의 관점에서 불편하기도 했다. 그래서 우리는 잡지를 보다 높은 선반에 진열하거나 앞표지 이미지를 가리게 하자는 목표로 싸움을 시작했다. 테스코 지점 직원과 대화를 했고, 여성의 이미지가 전시되는 방식에 대해 학생들, 교사들, 고객들이 얼마나 염려하고 있는 지 그려낸 짧은 영화(우리는 다큐멘터리라고 불렀다)를 제작했다. 몇 달의 캠페인 끝에, 마침내 우리가 이겼 다. 학교 앞 테스코에서 〈남성〉 잡지를 일절 취급하지 않게 된 것이다. 이 캠페인 덕분에 우리는 작고 이름 없 는 교내 클럽에서 전국 언론의 관심을 받는 단체로 성 장했다.

캠던 여학교 페미니스트 클럽에서 활동하며 나는 페 미니즘의 세계를 처음 엿보았다. 우리는 캠페인을 벌 이는 방법을 배웠고, 여성 구호를 위해 수백 파운드를 모금했으며, 경험을 통해 페미니즘 공간 내에서 맞닥 뜨릴 수 있는 난관에 대해 알게 되었다. 가령 우리 학교 6학년은 공학으로 운영되었기에 우리는 모든 젠더의 학생들에게 클럽을 개방할 작정이었으나 문제가 따라 붙었다. 몇 안 되는 남학생 회원들이 대화를 장악하기 일쑤였고, 사진 촬영을 할 때도 가장 눈에 띄는 자리에 앉곤 했다.

클럽에서 활동하면서 나는 운 좋게도 UK 페미니스 타의 공동 창립자이자 작가인 캣 밴야드와 저널리스트

샬럿 레이븐 같은, 영감을 주는 페미니스트들을 여럿 만날 기회를 얻었다. 밴야드는 내게 UK 페미니스타 자문단에 합류하라고 제안했고, 레이븐은 『페미니스트 타임스 *Feminist Times*』 편집국에 합류할 것을 권했다.

말하지 않아도 알겠지만, 다소 조숙한 열여덟 살 학생으로서 대학에 입학했을 즈음 나는 이미 페미니즘 관련 경험이라면 제법 풍부하다고 자부하고 있었다. 그러나 순전한 오산이었다. 걷기도 전에 달리는 법부터 배운 셈이었던 나에게는 아직 갈 길이 많이 남아 있었다. 처음 충격을 받은 건 내가 그동안 성차별로부터 얼마나 보호받고 있었는지 깨닫게 된 순간이었다. 좌파가 득세하고 『가디언』구독자가 주류인 켄티시 타운이라는 공간에서 자라는 동안 나는 거품 속에 머물러 있었다. 얼마나 많은 집단에서 얼마나 많은 여성 혐오가 남모르게 반발 없이 자행되는지 털끝만큼도 모르고 있었던 것이다. 대학에 입학하고 며칠 지나지 않은 어느 날 밤, 나는 캠퍼스 바에서 한 남자와 대화를 나누었다. 내가 여학교에 다녔다고 말하자마자 그는 내가 〈걸레〉일 것이라고 짐작했다. 그러한 단어 사용에, 그리고 여성의 자유로운 성행위가 무조건 부정적이라는 개념 자체에 의문을 제기하자 그는 〈좋은 열쇠, 나쁜 자물쇠〉 유추를 들먹이며 자기 논리를 변호했다. 이처럼 일상적인 성차별적 발언과 믿음들을 직면하며 나는 강한 충격을 받았다. 알고 보니 내가 상대적으로 대단히 안전한 환경에서 성장해 왔던 것이다. 나는 곧 젊은 남자 대다수가 아무 거리낌 없이 강간에 관한 농담을 하거나 여성 혐오적인 구호를 외친다는 사실을 알게 되었다. 또한 젠더를 막론하고 〈페미니즘〉이라는 단어를 고깝게 여기거나 자신과는 무관하다고 생각하는 사람이 굉장히 많다는 사실도. 지난 크리스마스 때 대학 내 페미니스트 클럽을 위한 모금 활동을 하던 중 나는 근처에 가판대를 세우고 있던 기독교 협회의 남성 회원들에게 다가가 그들이 우리 모임에 온다면 그쪽 전단지를 가져가겠다고 제안했다. 두 남자는 당황한 기색으로 나를 보더니 자신들은 남자라서 페미니스트 모임엔 갈 수 없다고 대답했다.

대학에서 깨달은 또 다른 사실은, 내가 페미니즘과 관련해서 헛다리를 짚고 있었다는 점이다. 6학년 때 일주일에 1시간씩 클럽 활동을 하면서 나는 스스로가 순수하게 정의로운 사람이 된 것만 같았고, 성적 선입견이라는 공적에 맞서는 연대에 참여하고 있다고 느꼈다. 그러나 대학에서는 나 자신이 문제의 일부일 수 있음을 깨달았다. 내가 스스로 경험하는 성차별에 분노할 자격이 있는 만큼, 한편에는 나보다 심한 성차별을 겪는 사람, 혹은 인종주의나 호모포비아나 계급주의나 트랜스 혐오 같은 다른 형태의 편견이나 혐오와 교차하는 차별을 겪는 사람도 많다는 사실을 알게 되었다. 나는 (백인 중산층의 권익에 맹목적인) 〈페미니즘의 퍼트리샤 아켓* 학파〉에서 벗어나 시야를 넓히는 방법을 배웠다. 그로써 새로운 사실을 깨달았으니, 바로 현대 페미니즘을 앞으로 나아가게 하는 동력의 핵심은 모든 종류의 상황에서 〈옳은 일을 한다〉는 원칙이라는 점이다. 내가 아는 여러 페미니스트는 본인이 직접 경험하는 형태의 성차별을 끝내려는 목적뿐 아니라, 〈주인 중심제 *kyriarchy*〉 전체를 무너뜨리겠다는 야심 찬 목표하에 행동과 단어와 가치의 원칙을 세우고 그것을 지키려 노력한다. 그럼에도 세간의 고정 관념과는 달리 내가 대학에서 만난 페미니스트는 전부 유머 감각이 출중했으니,

* Patricia Arquette. 미국 여배우로 여성의 동등한 임금과 기회를 주장하는 등 사회 문제에 많은 관심을 기울인다.

기본 윤리를 지키기 위해 유머 감각을 희생시킬 필요는 없다는 뜻이다. 그래서 나는 페미니즘이라는 운동을 마음 깊이 믿는다. 아늑한 모임 공간에 앉아 커스터드 크림을 탐닉하면서, 나는 그동안 수많은 역사책 속에서 마주쳤던 불같은 정신이 살아 숨 쉬는 걸 느낀다. 세상을 더 나은 곳으로 만들고자 하는 결의에 찬 한 무리의 젊은이를 본다. 내가 자랑스러워할 수 있는 나의 세대를 본다.

우리가 공짜로 — 다른 여성에게서 — 상속받은 것을 귀중히 여긴다면, 각성하여 〈나는 페미니스트입니다〉라고 말하는 것이 도덕적으로나 윤리적으로나 옳은 일이다.

애니 레녹스

나는 페미니스트다. 이제 여성으로서 꽤 오래 살았다. 내가 나 자신의 편에 서지 않는다면 멍청한 짓이리라.

마야 엔젤루

「남자들이 여자에게서 위협을 느끼는 이유가 뭐지?」 남자인 친구에게 물었다. 「여자들이 자길 비웃을까 봐. 자기들의 세계관을 약화시킬까 봐.」 그가 답했다. 이윽고 나는 여학생들에게 물었다. 「여자들이 남자에게서 위협을 느끼는 이유가 뭘까요?」

「살해당할까 봐서요.」 그들이 답했다.

마거릿 애트우드

로티 카마나: 어떤 생존담

사미라 섀클

이 건물의 외관은 위풍당당하다. 이슬라마바드의 떠오르는 동네에 위치한 이 건물 주변 도로들은 온통 공사 중이며, 옆 블록에서는 점차 팽창하는 인구를 수용하기 위한 아파트들이 올라가고 있다.

건물은 거대하지만 도로에서 떨어진 다른 거대한 집들 사이에서 특별히 눈에 띄지는 않는다. 초인종을 누르자 직원이 나와 나를 맞는다. 그의 손에는 수영장에서 신발을 담을 때 쓰는 것과 비슷한 작은 비닐 파우치 두 개가 들려 있다. 「흙이 들어오면 안 되거든요.」 문간에 선 남자가 사과하는 투로 말한다. 나는 파우치로 신발을 감싸고 들어간다.

〈산 테러 생존자 협회The Acid Survivors' Foundation, ASF〉는 산 테러를 당한 피해자의 치료와 재활을 돕는 파키스탄 유일의 기관이다. 피해자들은 이곳에 머무르며 의료적·법적·심리적 지원을 받고, 또한 자신과 같은 상황에 처한 다른 많은 사람들을 ― 거의 전부 여성이다 ― 만날 수 있다.

산 테러는 문자 그대로 부식성 물질을 피해자에게 뿌리는 범죄로, 황산이 가장 흔하게 이용된다. 고작 몇 초 만에 끝나는 이 테러의 피해자는 영구적인 장애를 입고 신체가 변형되며 고문에 가까운 고통을 받는다. 피부가 녹고 근육이 엉겨 붙고 시력이 사라진다. 상처를 즉시 깨끗한 물로 씻지 않으면 합병증으로 발전할 위험도 있다. 산 테러는 피해자의 정체성에 직접 공격을 가하는 몹시 잔인한 범죄다.

다행히 산 테러가 아주 널리 퍼진 건 아니다. 국제단체인 산 테러 생존자 위원회의 조사에 따르면 세계에서 연간 발생하는 산 테러는 1,500여 건이며 그중 약 150건이 파키스탄에서 일어난다. 미신고 건수가 많음을 감안하면 실제 범죄의 피해자는 더 많을 것으로 추정되지만 말이다. 그러나 이 범죄가 주목을 받는 이유는 그 흉악성 때문이다. 확고한 규칙 같은 건 없다. 남성이 피해자, 여성이 가해자가 될 수도 있다. 그러나 대부분의 경우 산 테러는 젠더에 기반을 둔 폭력이며 여성 인권이 낮은 파키스탄, 인도, 네팔, 방글라데시, 콜롬비아, 베트남, 캄보디아 같은 국가에서 가장 만연하다. 파키스탄을 비롯한 남아시아에서는 면 공장에서 목화씨 관리와 섬유 세척에 쓰이는 산을 손쉽게 구할 수 있다. 산은 공장 및 가정에서 저렴한 세척액으로 쓰이기도 한다. 20펜스만 있으면 한 병을 살 수 있다.

이슬라마바드의 산 테러가 남긴 생존자 협회 건물에는 옅은 소독약 냄새가 배어 있다. 산 테러 상처를 재생시키는 외과 절차는 피부 이식을 포함한 여러 수술을 통틀어 몇 달이 걸리므로 요양 중인 사람들이 감염에 노출되지 않도록 주의를 기해야 한다.

모두 자이나브가 잘 아는 사실들이다. 또랑또랑한 열일곱 살 소녀 자이나브는 벌써 셀 수 없을 만큼 수술을 받았다. 이식을 받은 그녀의 피부는 얼룩덜룩하고 번들거리며, 어떤 부분은 주름 종이처럼 쪼글쪼글하다. 테러의 순간 뜬 채로 굳어 버린 한쪽 눈은 영영 시력을 잃었다. 테러를 당하기 전의 모습은 산이 닿지 않은 얼굴의 한구석에 남아 있다. 오른쪽 눈과 긴 속눈썹, 그 아래 튀어나온 광대뼈. 그녀는 테러를 당한 뒤 몇 년 동안 이 부분을 제외한 나머지 얼굴을 전부 스카프로 가리지 않고선 집을 나서지 않았다고 한다. 그녀는 내 앞에서 가짜 눈과 이식받아 기운 피부를 스카프로 가려 보인다.

「누가 제게 불을 놓는 것 같았어요.」 그녀는 최근 협회에서 생존자들의 여가 시간을 위해 구비한 미니 푸스볼 테이블을 어루만지며 말한다. 「그런 고통은 누구도 잊을 수 없어요. 평생 기억에 남아 있겠죠.」

자이나브가 겪은 사건에서 가장 충격적인 건 가해자의 동기가 무척이나 사소했다는 사실이다. 이웃집 아들이 자이나브의 언니에게 청혼했다. 언니는 그와 결혼하고 싶지 않아서 거절했다. 몇 주 뒤 그는 복수할 생각으로 산 한 병을 무기 삼아 한밤중 자이나브의 집에 침입했다. 그런데 사람을 잘못 봤다. 당시 자이나브는 열두 살이었다.

산 테러 생존자 협회의 다른 여성들이 들려주는 다른 이야기도 비슷하다. 거절당한 청혼에 복수하는 남자들, 아내에게 질린 남편들. 여성들의 인생은 별다른 이유도 없이 순식간에 파괴된다. 2012년 오스카상를 수상한 파키스탄 산 테러에 관한 다큐멘터리 「얼굴 구하기Saving Face」에 출연한 성형외과 의사 모하마드 자와드는 이렇게 표현한다. 「가해자는 말합니다. 〈그녀를 죽일 생각은 없어 ― 그냥 괴롭게 만들고 싶을 뿐이야.〉 피해자는 죽은 채 사는 것이나 다름없는데요.」

자이나브는 수년간 의료적·심리적 치료를 받은 뒤 드디어 한 줄기 미래의 희망을 보고 있다. 테러의 세세한 내용과 사법 처리를 하려던 가족의 시도가 실패로 돌아갔다는 이야기를 할 때는 시종일관 단조로운 어조였던 자이나브가, 읽는 법을 배웠다고 말하며 얼굴을 환하게 밝힌다. 「바깥으로 나가서 세상에 발을 디디고, 제가 누릴 자격이 있는 인생을 경험하고 싶어요.」 최근 산 범죄에 관한 콘퍼런스에서 발언하기 위해 방글라데시로 여행을 다녀왔다는 이야기를 할 때 그녀의 얼굴은 긍지로 빛난다.

그러나 소소한 모욕감은 여전히 견디기 어렵다. 자이나브는 신분증을 등록하러 공공 기관에 갔을 때의 이야기를 들려준다. 창구에 앉은 여인이 날카로운 어조로 물었다. 「얼굴이 어쩌다 그렇게 됐죠?」 이야기 도중에 자이나브는 울기 시작한다. 「사람들은 왜 내가 평범한 삶을 살게 놔두질 않는 걸까요?」

산 테러 생존자 협회를 나서며 나는 이 여성들을 괴롭힌 고통과 무력감에 압도당해 현기증이 날 지경이다. 어디까지가 여성 혐오이고 어디부터가 계급 억압인지 정확히 선을 긋기는 어렵다. 피해자 여성들은 대부분 빈곤 지역 출신이고, 권리나 기회나 금전의 문제에 관해서라면 애초에 가진 게 거의 없었으며, 설상가상으로 존재의 뼈대에 직접 공격을 당했다. 언급했듯이, 산 테러는 여성들이 심하게 억압받는 보수적인 지역에서 주로 일어난다. 내가 만난 어떤 여성들은 아직도 가해자와 같이 살고 있었는데, 그게 이혼녀라는 두 번째 낙인을 견디는 것보다는 낫다는 판단에서였다. 어떤 여성들은 문맹이라 가해자를 용서한다는 문서에 속아 넘어가 서명을 했다. 다음 날 이슬라마바드의 안락한 내 아파트에 앉아 녹취한 인터뷰를 받아 적으며, 나는 소용없다는 걸 알면서도 눈물을 흘리고 만다.

하지만 인터뷰를 곰곰 되새기면서 나는 몇 줄기 희망의 빛을 발견한다. 한 여성은 한쪽 시력을 잃고 한쪽 팔을 못 쓰게 되었다. 그러나 몇 달에 걸쳐 고통스러운 수술과 물리 치료를 받고 나서는 차츰 한쪽 팔을 다시 움직이기 시작했다. 그것이 그녀에게 심리적 전환점으로 작용했다. 그녀는 다시 빵을 만들 수 있었고, 그건 곧 자신과 아이들을 먹여 살릴 수 있게 되었다는 뜻이었다. 우르두어에는 하루 먹을 빵을 얻는다는 의미의 〈로티 카마나roti kamana〉라는 표현이 있다. 홀로서기와 먹고살기를 하나로 묶는 표현이다. 다시 빵을 만들 수 있다는 것, 다른 사람들에게는 보잘것없는 승리로 여겨질지 몰라도 이 여성에게는 생활력과 자립 가능성과 가장 강력한 의미의 여성성을 뜻했다.

아내가 지겨워진 남편에게 산 테러를 당한 사이다의 마지막 말이 마음에 오랫동안 남는다. 「처음에는 울며 비명을 지르곤 했어요. 하지만 지금은, 마음 깊이 진심으로 생각하건대, 저는 흉하지 않아요. 저는 아름답고, 두려울 게 없다고 느낍니다.」

산 테러는 정체성 지우기를 목적으로 하는 범죄로, 젠더 폭력 중에서도 특별히 극단적인 형태다. 하지만 자아 정체감을 온전히 추스름으로써, 피해자 여성들은 가해자의 의도에 철저히 맞부딪치고 있다.

———

가장 멸시할 만한 인생은 어떠한 열정이나 애정도 실천에 옮길 수 없는 삶이다. 확신컨대 나는 이런 식으로는 살 수 없다.

메리 셸리

네가 가진 것들 중 최고는 가시란다.

매리앤 무어, 「오로지 장미만이 Roses Only」

……이유는 확언할 수 없지만 유머 감각과 자기주장 양쪽 모두를 지닌 여성 역시 드물다. 짐작건대, 아주 어린 시절부터 여성들에게는 정치적 주장을 내세우는 태도가 매력을 깎아 먹는 것으로 각인되는 모양이다. 여성으로서 성공할 수 있는 몇 안 되는 길 중 하나는 나처럼 프로그램을 진행하는 것이다. 그러면 분위기를 바꿀 수 있다. 남자 출연자들이 녹화를 하러 나오면 나는 그들이 전부 내게 입을 맞추도록 한다. 그럼으로써 즉시 서로를 보살피는 분위기를 만들 수 있다.

샌디 토크스빅

〈로맨틱 코미디에 등장하는 비현실적인 여성상〉
아름답고 탄력 있고 날씬한 몸매를 지녔으나 동시에 역겨울 만큼 식탐을 보이는 여자

로맨틱 코미디 영화를 보는 중에는 가급적 미심쩍다는 생각을 하지 않으려 한다.

하지만 가끔은 의아함을 나중으로 미루기가 영 어려울 때가 있다. 매력적이고 날씬한데 음식만 나왔다 하면 역겨운 돼지로 돌변하는 여주인공 얘기다. 영화 속 배역들은 ─ 그녀의 부모, 친구, 상사 할 것 없이 ─ 누구나 이 거대한 거짓말의 공범이다. 그들은 계속 여주인공에게 그만 좀 먹으라고, 식탐을 버리라고 말한다. 그리고 호감 가는 주역을 연기하기 위해 체중을 감량한 게 분명한 이 딱한 말라깽이 여배우는 〈제발 닥쳐! 난 치즈 케이크를 사랑한단 말이에요! 내가 치즈 케이크 한 판을 다 먹기로 작정한 이상, 누구도 날 말릴 수 없어!〉 따위의 대사를 읊어야 한다. 자세히 살피면 드레스 너머로 튀어나온 갈비뼈의 윤곽이 보인다. 치즈 케이크를 사랑하는 젖소가 이렇게 말랐다니.

가만 앉아서 영화를 보다가 나는 영화 속 남성들이 현실의 평균적인 미국 여성을 마주하면 어떤 반응을 보일지 궁금해진다. 아마 전부 자살하지 않을까? 그것도 퍽 흥미로운 영화가 될 텐데.

민디 캘링, 『모두 나와 놀고 있나요*Is Everyone Hanging Without Me?*』

나는 팔꿈치로
스스로를 페미니스트라 부른다

에이미 애넷

큰 소리로 당당하게(혹은 머릿속에서라도) 외치는 짧은 독백

다들 안녕! 오늘 밤 마음껏 즐기고 있는지? 자, 곧장 본론으로 들어가 이 세상에서 여성으로서 공간을 차지하는 것이 얼마나 중요한지 얘기하기 전에, 단지 존재함으로써 매일 아주 용감한 선언을 하는 방법을 일러 주기 전에, 의식적으로 페미니즘이 이끄는 삶을 살든 아니든 이 두 가지 일 모두 가능하다는 점을 확인시켜 주기 전에 ─ 여기 모인 여성분들께 간단한 질문을 하나 던지고 싶다. 걱정 마시길, 관객 참여를 이끌어 내려는 건 아니니까. 이건 여러분 모두가 답을 알고 있는 질문이다.

「당신의 몸은 당신에 대해 무엇을 말해 주는가?」

혼란스럽거나 질문을 이해하기 어렵다면, 그건 아마이 질문이 〈여성지어(語)〉라고 불리는 독특한 현대 언어로 쓰였기 때문일 것이다. 여러분 대다수가 설령 이언어를 구사하지 못한다 해도 최소한 기본적인 독해는가능하리라 확신한다. 어쨌든 대부분은 여성지어를 읽을 수 있으니까. 고대 라틴어나 그리스어나 윙딩어처럼 말이다. 물론 여성지어에는 〈과일어〉 같은 방언 분파도 있지만 걱정 말라. 당신의 체형이나 영혼이 배, 사과, 감자 중 무엇과 닮았는지 알아볼 작정은 아니다.

정말로, 지금 우리는 이 질문에 솔직하게 답해야 한다. 「당신의 몸은 당신에 대해 무엇을 말해 주는가?」

이건 〈당신이 선택하는 양말 색깔이 당신이 얼마나좋은 어머니가 될지에 대해 알려 주는 것은?〉보다 〈당신의 몸과 몸이 차지하는 공간이 얼마나 정치적인지 인식하고 있는가?〉에 가까운 질문이다. 자, 이제부터 위대한로넌 키팅이 말했듯, 〈당신이 아무 말도 않으면서〉* 세상에 얼마나 많은 말을 하고 있는지 알아보자.

* 아일랜드 싱어송라이터 로넌 키팅의 1999년 발매곡 「당신이 아무 말도않을 때When You Say Nothing At All」의 패러디.

나는 내 몸으로 스스로를 페미니스트라 부른다.

의사소통은 대단히 많은 부분이 비언어적이다. 등을 곧게 세우고 당당하게 세상에 생기를 내뿜으며 남들의 시선에 대한 두려움 없이 거리를 걸을 때, 우리는 자신감을 드러낸다. 반면 시끄러운 주정뱅이 무리 곁을 지날 때는 움츠린 어깨에 고개를 파묻음으로써 우리의 약함을 숨기고자 한다. 〈내게 말을 걸 수 없을걸! 난 어깨밖에 없는 사람인데, 알다시피 어깨엔 귀가 없거든!〉

가끔 우리는 의식적으로 우리의 위치를 정한다. 나만의 비결 하나를 처음으로 밝히려 하는데 ── 이렇게 적어 놓으니 바보 같아 보이지만, 그럼에도 불구하고 확신컨대 나는 앞으로도 이 비결을 써먹을 것이다 ── 밖에서 언제든 불편한 상황에 처하면 나는 심한 고통에 시달리는 것처럼 턱을 감싸고 문지른다. 내 논리는 이것이다. 정말, 정말, 〈정말〉 최악의 인간이 아닌 다음에야 치통을 앓는 사람을 괴롭히기야 하겠는가. 이미 극심한 고통을 받고 있다고 광고함으로써 더 큰 고통에서 빠져나오는 묘책. 눈을 가리는 긴 앞머리, 블랙으로 진하게 칠한 눈매, 다리미로 붙인 그린 데이 배지도 좋은 수단이다(잠깐, 양해 바란다. 내가 1990년대 후반에서

2000년대 초반 사람이라는 사실을 염두에 두시길).

이렇듯 말하지 않고도 놀랍도록 많은 양의 정보 전달이 가능하다. 우리는 입을 열지 않고도 많은 말을 한다. 민낯으로 집을 나섰다고? 타고난 미인이거나, 자선 기금을 모으는 중이라는 뜻이다. 15센티미터짜리 킬힐을 신었다고? 가녀린 발목에 집착하는 가부장제의 희생자거나, 자신의 성적 매력과 스타일을 자유자재로 다스리고 있다는 뜻이다. 털을 내놓고 다닌다고? 스마트폰에 〈히스토리*history*〉를 쓰면 〈허스토리*herstory*〉로 자동 교정 될 만큼 여러 편의 성명서를 작성해 본 활동가거나, 수북한 다리털이 싫어서 왁싱을 하려는데 고통을 최소화하기 위해 털이 몇 밀리미터 더 자라기를 기다리고 있다는 뜻이다. 정교한 페이스 페인팅을 한 얼굴에 어릿광대 옷을 입고 있다고? 광대거나, 광대가 되길 원한다는 뜻이다(부디 꿈을 이루시길).

나는 팔꿈치로 스스로를 페미니스트라 부른다.

자신의 공간을 지켜 내는 것은 때로 남들에 동화되지 않고 자신의 고유한 정체성을 지켜 낸다는 의미다. 전통에 겁먹지 않고 전통을 짓밟는다는 의미, 젠더로 인해 특정 직업이나 기회에서 간과되지 않겠다는 의미다. 때로는 단순히 출근길에 발이 밟히길 거부하겠다는 뜻이기도 하다. 오전 8시 통근 열차에 올라 출근길 내내 단단한 가죽 재질의 고급 구두에 발가락을 밟히지 않으려고 애쓰는 동안, 나는 문자 그대로 내가 존재할 공간을 위해 싸워야 한다는 좌절감을 느낀다. 팔꿈치로 청색 줄무늬 정장 겨드랑이의 부드러운 솔기를 찔러 겨드랑이 대 콧구멍의 조우를 겨우 피하면서, 나는 〈저기, 됐거든요!〉라고 전투의 함성을 내지른다. 나는 필요할 때마다 나 자신을 위해 일어설 것이다. 물론 자기 무릎 사이의 굴곡을 내밀하게 알려 주는 악독한 〈쩍벌남〉이 없는 자리에 앉아 여성으로서, 또한 요금을 지불한 사람으로서 내게 할당된 공간을 온전히 누리는 편을 선호하긴 하겠지만.

발을 밟는 사람들 얘기만은 아니다. 도시 지하를 질주하는 동안 나는 다양한 방식으로 공간을 침해당한다. 〈해변을 위한 몸매 완성!〉 운운하는 기사나 광고가 또한 번 시야에 들어오면 나는 〈고맙지만 난 됐거든요!〉라고 속으로 대답하다가, 옆에 선 여자도 똑같은 광고를 피할 수 없다는 걸 깨닫고 〈고맙지만 우린 됐거든요!)라고 고쳐 답한다. 이처럼 공격당하거나, 지금껏 살았던 모든 여성을 생각하며 슬퍼하거나, 혹은 — 까놓고 말해 모든 현대의 범죄 중에서도 최악이라 할 만한 — 악질 마케팅의 대상이 되는 일 없이 평화롭게 출근하는 것이 내 소망이다.

나는 런던에 산다. 대중교통에서 사람들과 벌이는 초근접 전투의 이야기에 공감할 수 없다면, 용서해 달라. 하지만 이것이야말로 가만히 앉아 손발을 축 늘어뜨리고 쉬는 동안에도 당신의 몸이 정치적일 수 있음을 보여 주는 일상 속의 모범 사례 아닌가. 두 사람이 함께 써야 하는 팔걸이를 옆 사람이 독점하는 것을 거부하고, 당신의 팔을 원래 있어야 할 위치에 두는 용기는 — 그게 옆 사람의 팔을 일종의 인간 베개로 쓴다는 뜻이라 해도 개의치 않고 그 위에 팔을 내려놓는 용기는 — 솔직히 얼마나 급진적인가! 숙녀답지 못하다거나 주어진 공간에 비해 몸집이 너무 크다는 당혹감을 느끼지 않고 당신의 공간을 차지하는 것. 만약 남들이 당신을 그렇게 생각하더라도, 심지어 대놓고 그렇게 말하더라도, 허용된 공간에 몸을 욱여넣으려고 가슴 위로 답답하게 팔짱을 긴 채 땀을 흘리면서 출근 시간을 보내는 것보다는 당당히 공간을 차지하는 편이 비할 수 없이 낫다.

　나는 머리카락으로 스스로를 페미니스트라 부른다.
　여성 신체의 특정 부분들은 너무나 고유하게 정치화
되어 있어서 선거에서 따로 한 표를 행사할 수 있는 투
표권이 주어져야 할 지경이다. 지금 이런 생각이 스쳤
을지 모르겠다. 〈아니, 내 체모가 길긴 하지만 실제로
공간을 차지할 만큼 굵지는 않아.〉하지만 버스에 앉아
있다가 관광객 두 명에게 체모를 손가락질당하고, 더
욱 기분 나쁘게도 당신이 모르는 언어로 비웃음을 받은
적이 있는가? 솔직히 말해서 나는 없다 — 이건 내 친
구 새스에게 일어난 일이니까. 그녀가 겨드랑이 털을
파란색으로 물들이고 다니던 시기도 아니었는데! 제모
를 하지 않음으로써 당신은 대규모 선언에 참여하게 된
다. 지금 겨드랑이나 다리나 가랑이 사이의 털을 기르
는 건 그 무엇보다도 큰 소리를 내는 일이다. 물론 제모
하는 페미니즘을 위한 공간도 있다. 여성이자 페미니
스트로서의 정체성과 털의 관계에 대해서는 이미 광범
위한 논의가 진행 중이니, 털을 한 올 뽑을 때마다 당신
은 세계 페미니스트 콘퍼런스에 전화를 거는 셈이다.

아얏! 여성 참정권론자들, 아얏! 수전 손택, 아얏! 티나 페이, 아얏! 물론 일자로 합쳐지기 일보 직전인 눈썹보다 더 중요한 것들이 있겠지? 아얏! 킴 카다시안……

나는 큰 궁둥이로 스스로를 페미니스트라 부른다.

특정 사이즈 이상을 입는 여성들에 대해 얘기해 보자. 구체적인 숫자를 말하고 싶지는 않다. 〈사이즈 12는 참 잘했어요, 사이즈 14는 노력 요함, 그러다가 별안간 사이즈 16은 최악! 최악! 최악!〉 떠들어 대는 건 무의미한 일반화이며, 까놓고 말해 비논리적이지 않은가. 모든 사람을 이 사이즈 표에 욱여넣을 수는 없다. 상의는 20 반, 복부는 16 반, 하의는 8 반을 입는 여자들도 행복하게 존재하며(아, 우리 여자들은 신비롭게도 〈반〉이 많은 생물이다) — 나는 특정 사이즈 이상을 입는 여성들이야말로 공간에 대해 더 의식하면서 살아간다고 생각한다. 그건 우리가(제길, 방금 내가 〈최악! 최악! 최악!〉에 속한다는 게 들통났군) 단지 존재함으로써 공간을 더 많이 차지하기 때문이다.

공간을 차지하는 것의 정치성에 대해 나는 할 말이 많다. 그건 온종일 나를 따라다니니까. 레스토랑에 가서 테이블에 앉을 때마다 나는 내 무거운 엉덩이 때문에 양념 통이 튀어 오르진 않을지 주의해야 한다. 난도스 치킨 집에서 테이블을 고를 때마다 여성 전사가 된 기분이 들지는 않겠지만, 붐비는 인파를 뚫고 지나가거나 살집을 가려 〈몸매를 나아 보이게 하는〉 텐트 같은 천이 아닌 다른 옷을 입을 때마다 당신은 여성 전사가 된다. 바닥에 쏟아진 페리페리 소금 한 움큼은 당신과 당신의 엉덩이를 환영하는 작은 꽃가루일지도.

나는 걸음걸이로 스스로를 페미니스트라 부른다.
대부분의 경우 나는 내가 얼마나 많은 공간을 차지하는지 의식하며 지낸다. 가끔은 공간에 비해 내가 너무 크다고 느끼고, 가끔은 내게 더 많은 공간이 주어져야 마땅하다고 느낀다. 두 감정 모두 행동하고자 하는 갈망을 북돋운다. 개인적인 차원에서 행동할 수 있는 핵심 무대는 길거리다. 나는 다른 누군가 때문에 — 솔직히 말해 대부분은 남자다 — 길을 비키는 일 없이 보도를 시작부터 끝까지 걸어가는 일에 도전해 보았다. 자신이 얼마나 자주 맞은편 행인을 피하고 몸을 비트는지 일단 깨닫고 나면 결코 그 전으로 돌아갈 수 없다.

내게 깨우침을 준 건 『뉴욕 매거진*New York Magazine*』온라인판에 실린 기사였다(뉴욕은 남성들 특유의 공격적 걸음걸이가 기원한 곳이라고 주장하기에 가장 설득력 있는 도시다). 한 여성이 길에서 비키지 않기로 결정한 뒤 얼마나 많은 남녀가 그녀에게 돌진하는지, 혹은 그녀를 넘어뜨리는지 실험한 내용이었다. 번잡한 거리를 걸을 때 피하지 않으면 충돌의 위기가 얼마나 자주 오는지 여러분도 한번 확인해 보시길. 운 좋게 장애가 없는 나조차도 내 공간을 차지하고 걷기 어렵다. 내가 스스로 인파를 뚫고 지나가기 위해 움찔대고 어깨를 비튼다는 것에 대해 ─ 매일 런던의 길거리에서 거의 춤을 취야 한다는 것에 대해 ─ 생각하기 시작한 이후로, 나는 할 수 있을 때마다 안전함을 느낄 수 있는 최대한의 공간을 확보하기 위해 두 배로 노력하기 시작했다.

나는 심장으로 스스로를 페미니스트라 부른다…….

가깝고 소중한 사람이나 출퇴근 동지들이나 혹은 변기에 앉은 스스로에게 소리 내어 읽어 줄 수 있는 이 짧은 독백의 진짜 요점은, 감상적으로 들릴지 모르지만 바로 이것이다. 나는 그저 더 많은 여성들이 자신이 얼마나 뛰어난지 알았으면 좋겠다 — 길거리를 걸으면서 남들을 요리조리 피하지 않을 때, 주목받기를 두려워하지 않고 밖에서 생기발랄하게 큰 목소리를 낼 때, 음모를 별자리 모양으로 왁싱할 때, 마음껏 팔꿈치를 써서 남들을 밀어내고 자기 길을 가거나 옆 사람이 무시하지 못하도록 몸을 기울일 때, 그 모든 순간마다. 더 많은 여성들이 자신들에게 쉽게 주어지지 않는 공간, 자신들이 차지하지 않는 공간, 자신들이 차지할 수도 있는 공간을 일단 의식하길 나는 바란다. 최후의 개척지는 우주가 아니다 — 우리는 개인의 공간이라는 개척지를 두고 매일 싸우고 있다. 나는 당신들이 자랑스럽다.

긴 휴지(休止). 진정성을 제대로 전달하기 위해 객석에 앉은 모든 여성의 눈을, 그들이 불편하게 여길 정도로 깊이 들여다본다. 그렇게 모두가 기립박수를 보낼 때까지 무대에 서 있는다.

———

밧줄의 존재를 아는 여성은 쉽게 묶이지 않는다.
메이 웨스트

평온함에 만족해야 한다는 말은 헛되다. 사람에겐 행동이 필
요하다. 행동을 찾을 수 없다면 만들어 내야 한다. 수백만 명이
나보다 더 고요하게 살 숙명에 처해 있고, 수백만 명이 자신의 운
명에 맞서 고요한 저항을 벌이고 있다. 아무도 모르지만 사람들
이 살아가는 이 지상에는 정치적 반란 외에도 많은 반란이 들끓
는다. 일반적으로 여성들은 무척 침착하다고들 한다. 그러나 여
성도 남성과 똑같이 감정이 있다. 여성도 남자 형제들처럼 능력
을 키우기 위해 연습해야 하고, 노력할 분야가 필요하다. 여성도
남성과 똑같이 지나치게 엄격한 제약과 심각한 부진으로 고통받
는다. 여성보다 많은 특권을 누리는 동료 피조물들이 여성은 푸
딩을 만들고 양말을 뜨고 피아노를 연주하고 가방에 자수나 놓아
야 한다고 말한다면, 편협하기 짝이 없는 소리다. 우리의 관습이
여성에게 충분하다고 선언한 것 이상을 하거나 배우려는 시도를

경멸하고 비웃는 것은 분별없는 짓이다.

샬럿 브론테,『**제인 에어** *Jane Eyre*』

　예일 대학 졸업생 중 취업하는 사람의 25퍼센트가 컨설팅 및 금융업계에 들어간다는 사실에 그 자체로 잘못된 점이 있을까?

　있다. 나는 그렇게 생각한다.

　물론 개인의 의견에 불과하지만, 그렇게 많은 사람이 (대부분의 경우) 실제로 무언가를 생산하거나 누군가를 돕거나 명백한 열정을 일으키는 것과는 거리가 먼 직업을 갖게 된다는 사실이 내겐 어딘지 슬프게 여겨진다. 단 2~3년뿐이라도 말이다. 그것도 꽤 긴 시간 아닌가! 게다가 스물셋, 스물넷, 스물다섯 살에 보내는 2~3년은 어느 시기보다 중요하다. 비율이 그렇게 높지만 않았더라도 이토록 마음이 불편하진 않았을 텐데. 하지만 무려 25퍼센트라니!

　요점은, 우리는 다른 일을 할 수도 있다는 거다. 물론 베인이나 맥킨지나 J. P. 모건에서 일하면서 다른 곳에 취업하는 데 도움이 될 유용한 기술들을 배울 수도 있겠으나, 결코 이게 유일한 선택지는 아니다. 우리가 할 수 있는 멋진 일들이 많다 — 굳이 클리셰를 나열할 필요도 없으리라.

　물론 돈을 벌어서 학자금 대출을 갚고 가족을 부양해야 하는 사람들도 있다. 급하게 돈을 벌어야 할 현실적 이유가 있다면 위에 언급한 업계에 들어가는 것도 의미가 있다. 사실 나는 근면히 일한 대가로 괜찮은 월급을 받는 것이 꽤나 고귀한 일이라고 믿는다. 나 스스로도 작가가 되고 싶다는 (이기적인) 소망으로 인해 내 자녀들은 내가 성장기에 누렸던 기회들을 누리지 못할지 모른다는 사실에 아직 갈등하고 있다. 그러나 솔직히 말하자면, 대부분의 학생들이 진로를 선택하는 이유가 돈은 아니라고 생각한다. 물론 돈도 하나의 요소임에는 틀림없겠지만, 그야말로 하나의 요소일 뿐 아닌가.

내 심기를 불편하게 만드는 건 인정받고 합리화하려는 태도다. 몇몇 젊은이들이 그 일을 하고 있는 건 (스스로에겐 뭐라 말하든) 다른 무엇을 해야 할지 확신이 서지 않고, 원서를 내기 쉽고, 괜찮은 보수를 받을 것이고, 성공한 사람이 된 기분이 들 것이기 때문이다. 나는 여태껏 그쪽 업계의 일에 대해 진정으로 열정을 가진 사람을 별로 보지 못했다. 참으로 우울한 일이다! 왜 아무도 이 문제를 논하지 않는지 모르겠다.

예일 대학 캠퍼스에서 공부를 하거나 술을 마시거나 주위를 어슬렁거리고 있노라면 친구들이 강의에서 진행하고 있는 프로젝트, 혹은 조직 중인 집회나 무대에 올리려 준비하는 연극에 대해서 듣게 된다. 그러면 나는 여기서 이렇게 재능 있는 사람들과 어울릴 수 있다는 게 정말 얼마나 큰 특권인지 실감한다. 나와 함께하는 사람들이 크나큰 열정과 창의성을 품고 있다는 사실을 매일 거듭 새로 깨닫는다.

내가 너무 과민하게 반응하는 걸지도 모르겠다. 어쩌면 컨설팅이나 금융과 관련한 직업이야말로 귀중하고 현실적인 역량을 손에 넣는 환상적인 방법일지도 모른다. 어쩌면 모두 몇 년 안에 그 직업을 관두고 다른 일을 찾을지도 모르고.

하지만 나는 걱정스럽다.

나는 친구 슐로이의 영화를 보고 싶고, 마크의 뮤지컬을 보고 싶고, 조의 비영리 단체에서 자원봉사를 하고 싶고, 애니의 레스토랑에서 식사를 하고 싶고, 제프의 혁신 학교에 자녀들을 보내고 싶다. 나는 친구들을 전부 앗아 가면서 바로 이것이 시기를 막론하고 인생의 시간을 보내는 최고의 방법이라고 말하는 그 업계가 〈그저 무섭다〉. 어쩌면 내가 이상에 빠진 무지렁이일지도 모르겠지만 나는 그들의 말이 진실일 리 없음을 직감한다. 우리 모두 마음속으로는 알고 있으리라. 우리는 세상을 위해 진짜로 멋진 일을 할 수도 있다. 그리고 나는 두렵다 ─ 스물셋, 스물넷, 스물다섯 살의 우리가 그걸 깡그리 잊을까 봐.

마리나 키건, 『외로움의 반대 The Opposite of Loneliness』

당신을 보라. 당신은 자유롭다. 당신을 구할 의무는 다른 무언가나 누군가가 아닌 오로지 당신에게만 있다. 당신의 땅에 씨를 뿌리라. 당신은 젊고 여자이므로 커다란 제약을 받지만, 당신은 사람이기도 하니까……. 당신 내면 어딘가에 내가 말하는 자유로운 사람이 있다. 그녀를 찾아내고 세상에 나서서 좋은 일을 하라.

토니 모리슨, 『집 Home』

사람들은 내가 거창한 말을 한다고 비웃어요. 하지만 거창한 생각이 있으면 그걸 표현하기 위해 거창한 단어들을 써야 하지 않겠어요?

L. M. 몽고메리, 『빨간 머리 앤 Anne of Green Gables』

전형적인 엔지니어

———

나오미 미치슨

〈전형적인 엔지니어〉는 작동하지 않는 물건을 보면 정말, 정말로 흥분한다. 그 물건이 일찍이 본 적 없이 새롭고 예측 불가능한 방식으로 움직이고 있다면 더 바랄 것이 없다. 언젠가 연구실 동료와 내가 실수로 회로를 망가뜨린 일이 있었다. 강사에게 보이니 그가 〈살펴보겠다〉면서 회로를 가져갔다. 우리는 그 회로를 대단히 흥미로운 방식으로 망가뜨린 게 분명했으니, 이어지는 몇 주 내내 강사가 우리에게 때로는 야심한 시각에까지 이메일을 보내 가며 자신이 어떤 부품을 분해했는지, 그러면서 어떤 버그를 잡아냈는지, 어떻게 회로를 수리할 것인지 꾸준히 소식을 전했던 것이다. 결국 그는 하나의 개별 이슈를 고치는 일에 지나치게 몰두한 나머지 애초에 바로잡으려던 오류에는(그리고 아마 본

업에도) 전혀 집중하지 못하게 되었다. 우리는 이듬해
졸업했지만 지금까지도 그에게서 열정이 담긴 소식을
받고 있다.

〈전형적인 엔지니어〉는 갖고 놀 장난감이 있으면 기
뻐한다. 유용한 장비(이상적으로는 90년대 초반에 만
들어진 것) 몇 점과 (언급한 예처럼) 망가졌거나 다른
사람이 설계해서 〈개선의 여지〉가 있는 물건이 주어지
면 더할 나위가 없다. 며칠이고 몇 주고 혼자 내버려 두
면 그는 차근차근 느긋이 작업에 몰두하여 전혀 쓸모가
없을지언정 기발하고 정교하고 아름다운 무언가를 만
들어 낸다.

〈전형적인 엔지니어〉는 원칙적으로 사용자 설명서
읽기를 거부한다.

〈전형적인 엔지니어〉는 세상의 다른 누구도 이해하
지 못하는(이해하길 원하지도 않는) 모호한 기술적 세
부 사항, 이를테면 숫자의 시작이 1인지 0인지, 또는 1
의 제곱근을 〈i〉라고 불러야 할지 〈j〉라고 불러야 할지
와 같은 문제에 대해 열띤 주장을 펼치곤 한다.

〈전형적인 엔지니어〉의 헛간에는 직장에서는 너무
위험해서 할 수 없는 엔지니어링 프로젝트를 위한 공간

이 있다. 거기엔 절단기, 네일 건, 원형 톱이 놓여 있기 마련이다.

〈전형적인 엔지니어〉는 수집광이다. 그는 망가진 회로나 녹색 전선 한 토막도 〈언젠가 유용하게 쓰일 때를 대비해〉 버리지 않으려 든다. 그게 무엇인지, 무슨 용도인지 아무도 모른다는 사실은 안중에도 없다. 산더미처럼 쌓인 잡동사니 때문에 책상이 보이지 않을 지경이 되어도 신경 쓰지 않는다. 기술적 진보가 이루어진 오늘날은 25펜스면 온라인에서 똑같은 부품을 구입해 다음 날 아침 책상 위로 배달받을 수 있다는 사실도 그에겐 무의미하다.

〈전형적인 엔지니어〉는 논쟁을 즐긴다. 그는 근거가 확실한 주장을 좋아하고, 반론이 제기되면 기뻐한다. 구체적 근거와 강력한 주장을 존중하지만 한편으로 그저 재미 삼아 자기 논점을 변호해 나갈 때도 있다. 물론 다른 사람들도 자기처럼 즐거워하리라고 믿고서……

〈전형적인 엔지니어〉는 잘 알려지지 않은 정보를 흡수하고, 그 정보들을 기꺼이 줄줄 늘어놓는다. 배우는 걸 좋아하며 자기 분야에서 새로운 사실을 알아내는 것도 좋아한다 — 남들이 잘 모르는 것일수록 좋다. 그는 어째서 다들 제2차 세계 대전에서 쓰인 탱크 이름을 낱낱이 암기할 의향이 〈없는지〉 납득하려 애쓴다. 그는 남들과 이런 정보를 공유하고자 하고, 프로젝트 매니저가 오늘 연구실에서 진행되고 있는 일들의 풍부한 기술적 세부 사항을 알고 싶어 한다고 진심으로 믿는다. 만약 사무실이 공항 근처라면 그는 참으로 신이 나서 그날 오전 머리 위를 날아간 비행기의 종류를 읊어 대리라. 만약 그가 당신에게 숨 쉴 틈도 없이 그 세부 사항을 줄줄이 늘어놓는다면 그건 마음 깊이 당신을 아끼기 때문이다.

여기서 〈전형적인 엔지니어〉를 계속해서 〈그〉라고 칭한 것은 그가 또한 백인이고 남성이고 중년이기 때문이다.

학교를 졸업하고 전자 공학을 공부하기 시작했을 때 나는 내 앞에 무엇이 펼쳐질지 상상조차 하지 못했다. 퍽 충동적으로 전자 공학을 선택한 것은 막연히 이 분야가 로봇과 관련되었다고 생각해서였다. 로봇 만드는 법을 배우고 싶지 않을 사람이 누가 있겠는가?

그렇게 대학에 입학해서 전기와 전자 공학 강의를 듣

기 시작한 나는 금세 깨달았다. 이거, 진짜 재미있잖아!

오래 지나지 않아 나는 회로를 설계하고 분석하는 방법, 프로그램을 코딩하는 방법, (와이파이, 모바일 네트워크, 인터넷 같은) 고속 커뮤니케이션의 작동 원리, 전압과 전류를 통해 정보를 전송하는 방법, 전력망이 전기를 전국으로 보내는 원리, 그리고 지금까지 모르고 살았다는 게 믿기지 않을 정도로 현대 우리의 삶에 너무나 기초적인 다른 것들에 대해 배웠다.

매력적이고 기억에 남을 강사들의 수업을 들었다. 학우들과도 잘 어울렸다. 흥미롭고 실용적인 과제를 받았다. 그렇게 나는 거의 백지에서부터 한 걸음씩 유용하고 흥미로운 기술들을 배워 나가고 있었다.

남녀 성비는 다소 불균형적이었다. 여학생은 10퍼센트에 불과했지만, 10퍼센트면 충분했다 ― 내가 강의실에서 유일한 여자인 경우는 드물었으니까. 어쨌든 성별을 제외하면 학우들의 구성은 다양했다. 세계 각지에서 온 무척 다양한 배경의 학우들은 사교적이고 재미있고 시끄럽고 서로에게 힘이 되는 집단을 이루었다.

파티 같은 곳에서 나를 처음 만난 사람들은 무얼 전공하는지 묻고 대답을 들은 뒤에는 약간 놀란 듯 (그리고 때로는 의심하는 듯) 보였다. 흔한 반응은 대강 이러했다. 「아, 그건 약간…… 음…… 색다르군요. 그쪽이 〈전형적인 엔지니어〉 같은 인상은 아니잖아요.」 그 말이 불쾌하진 않았다. 또래 집단에 묻어 지내고자 노력하며 10대 시절을 보낸 직후라서 그런지, 마침내 내가 조금 색다른 사람이라고 생각하니 오히려 유쾌해졌다. 파티에서 만난 사람은 나중에 마주쳤을 때도 나를 기억했다. 「아 그래, 엔지니어링 전공한다고 했죠.」

엔지니어링은 실용적인 학문이기에 실무 경험을 쌓아야 한다는 조언을 많이 들었다. 그래서 나는 학업 중반에 엔지니어링 회사에서 실습을 시작했다. 그러면서 실제 회로를 디자인하고 최첨단 설계 작업을 하는 엔지니어들을 만나게 되었다. 라이브 프로젝트를 진행하는 법, 대규모 팀과 소통하는 법, 기한을 맞추고 비용 목표를 달성하는 법을 배웠고 덤으로 사무실 커피머신이 얼마나 변덕스러울 수 있는지도 배웠다.

또한 모든 엔지니어가 〈전형적인 엔지니어〉는 아니라는 것도 알게 되었다. 오히려 그에 가까운 사람이 손에 꼽을 정도였다. 언급한 특징을 전부 갖춘 사람은 극소수였고 특징을 드러내는 방식도 저마다 달랐다. 앞서 이야기한 〈전형적인 엔지니어〉는 말 그대로 전형, 내 관찰을 근거로 구성한 일반화이다. 조금 불친절하게 말하자면 〈스테레오 타입〉 말이다. 하지만 경험한 바에 의하면 스테레오 타입에도 일말의 진실이 담겨 있는 법이니, 많은 엔지니어들이 앞서 말한 특징들의 부분 집합에 속해 있을 것이다.

그러나 진짜배기 〈전형적인 엔지니어〉가 이처럼 드문데도 〈전형적인 엔지니어〉야말로 최고의 엔지니어, 진정한 엔지니어, 단순히 업계에 종사하는 것을 넘어 뼛속까지 엔지니어로 〈사는〉 이의 정수라는 굳은 믿음이 존재한다. 일을 시작하고서 내가 진짜 엔지니어가 되기 위해 노력해야 한다는 이야기를 들었을 때, 나는 어리둥절했고 당혹스러웠다. 확신컨대 나는 그런 종류의 사람이 되기를 〈원하지〉 않았으니까.

이 일에서 나는 중요한 교훈 하나를 얻었다. 사람들이 아무리 당신을 특정한 스테레오 타입에 끼워 맞추려 해도, 거기에 협조할 필요는 없다. 어쩌면 나는 이 업계에서 가만히 서 있기만 해도 여성이라는 이유로 주목을 받기에 남들보다 조금 더 빠르게 이 사실을 깨달았는지도 모르겠다. 이토록 여성이 소수인 직업을 택한다는 건 곧 당신이 일종의 별종, 혹은 선구자로 비춰진다는 뜻이기도 하다. 다행히도 나는 그런 상황에 처하진 않았지만. 강의실의 유일한 여학생, 회사에서 고용한 최초의 여성 엔지니어, 연구실에 들어온 최초의 여성이어야 했던 것은 나보다 한 세대 앞선 여성들이었다. 그중 많은 이들이 자신의 목소리를 전달하기 위해, 단지 참여해도 된다는 허락을 받기 위해 싸워야 했다. 정말로 신기원을 연 사람들은 그들이었다. 우리 세대는 그들에게 감사해야 한다.

사실 여성이라서 일하기가 한결 수월한 경우도 더러 있다. 사람들은 단지 여자라는 이유로 내가 더 계획적이고, 사회생활을 더 잘하고, 일을 더 수월하게 처리할 수 있다고 생각한다. 스테레오 타입도 때론 이처럼 유용하다! 그리고 대부분의 집단과 프로젝트 팀은 살짝 색다른 사람과 일하는 것을 기쁘게 받아들인다. 신선한 관점을 도입하고, 새로운 아이디어로 기존의 틀을 흔들 수 있으니까. 여성 엔지니어는 어느 엔지니어 집단에 들어가도 거의 늘 평균에서 벗어난 사람이리라. 하지만 바로 이 차이야말로 당신의 가장 큰 강점이 될 수 있다. 엔지니어링은 능력주의가 지배하는 업계고,

결국 동료들이 당신을 판단하는 기준은 작업 내용과 결과물이니까.

엔지니어링 회사는 엔지니어들을 절실히 찾고 있다. 학교 교육을 받고 졸업한 학생들만으로는 수요가 충족되지 않는다. 사회 전반에 영향을 미치는 문제들을 효과적으로 짚어 내고 해결하기 위해서는 엔지니어링 인력이 전체 인구 구성을 반영해야 하는데, 지금은 그렇지 못하다. 엔지니어링업계가 다양성을 개선할 수 있는 방법은 여럿 있겠지만 현재 해결해야 할 가장 심각한 문제는 양성 간 격차다. 인구의 대략 50퍼센트를 차지하는 여성이 영국 엔지니어링 인력에선 고작 6퍼센트에 불과할 뿐이다.

엔지니어링은 과학의 정밀성과 예술의 창의성 및 예측 불가능성을 결합한 학문이다. 엔지니어링은 흥미롭고, 일단 시작하면 놀랄 만큼 접근하기 쉬우며, 무엇보다도 재미있다! 그러니 관심을 보일 법한 모든 여자아이들에게 말해 주시길. 「아니, 넌 〈전형적인 엔지니어〉는 아니야 — 하지만 위대한 엔지니어가 될 수 있어!」

　한 부인이 다른 누구도 소유하지 못한 희귀하고 이국적인 동물을 사려고 펫 숍에 들어갔다. 가게 주인에게 원하는 것을 말하자 그는 희귀하고 이국적으로 분류되는 동물들을 전부 꺼내 보여 주었다. 그러나 아무리 고심해 보아도 그중엔 그녀의 기대를 만족시킬 만큼 흔치 않은 동물이 없었다. 부인이 계속해서 간청하자, 가게 주인은 마지막 패를 꺼냈다. 「실은 아직 보여 드리지 않은 동물이 하나 있습니다. 그러나 보여 드리기가 다소 꺼려지는군요.」 부인이 외쳤다. 「제발 보여 주세요!」

　가게 주인은 가게 뒤편으로 들어가더니 잠시 뒤 철장 하나를 들고 나왔다. 그는 카운터 위에 철장을 놓고 문을 열어 안에 있던 동물을 꺼냈다. 그러나 부인의 눈에 보이는 건 카운터에 놓인 털 쪼가리가 전부였다. 머리도 꼬리도 없고, 눈마저 없었다. 「세상에, 이게 대체 뭐죠?」 부인이 물었다. 「퍼버거라는 겁니다.」 가게 주인이 무덤덤하게 답했다. 「그런데 이게 뭘 할 줄 알죠?」 부인이 물었다. 「한번 유심히 보십시오.」 가게 주인이 퍼버거를 내려다보더니 말했다. 「퍼버거, 벽!」 그러자 퍼버거는 순식간에 날아올라 1톤짜리 벽돌처럼 묵직하게 벽을 때렸다. 벽은 완전히 허물어져 먼지가 되었다. 퍼버거는 재빨리 다시 날아와 카운터에 앉았다. 가게 주인이 다시 입을 열었다. 「퍼버거, 문!」 그러자 퍼버거는 순식간에 날아올라 1톤짜리 벽돌처럼 묵직하게 문을 때렸다. 문은 완전히 허물어져 문틀조차 남지 않았다. 퍼버거는 재빨리 다시 날아와 카운터에 앉았다.

「이걸 사겠어요.」 부인이 말했다. 「좋아요, 정말 원하신다면 가져가시죠.」 가게 주인이 말했다. 그러나 부인이 퍼버거를 들고 가게를 나서려는데 가게 주인이 다시 불러 세웠다. 「부인, 실례입니다만 퍼버거로 무얼 하실 작정이신가요?」 부인이 뒤를 돌아보고 말했다. 「최근 남편과 사이가 좋지 않아서, 오늘 밤 부엌 바닥 한가운데 퍼버거를 내려놓을 생각이에요. 남편이 퇴근해서 현관문을 열고 들어오면 그걸 보고 제게 물을 거예요. 〈이건 대체 뭐야?〉 그럼 저는 이렇게 말하는 거예요. 〈여보, 이건 퍼버거야.〉 그러면 남편은 저를 보고 말하겠죠. 〈퍼버거? 내 궁둥이 같은 소리 하네!〉」

북미 동화, 「퍼버거The Furburger」

아주 먼 옛날 똑똑하고 아름다운 공주가 살았다. 그녀는 어찌나 예민한지 죽은 나방 한 마리에도 몇 주를 괴로워했다. 가족들은 이를 해결할 방법을 몰랐다. 고문들은 별다른 수 없이 손만 비벼 댔고 현자들은 고개를 저었으며 용감한 왕들은 찾아왔다가 불만에 차 떠났다. 그렇게 몇 년이 흐른 어느 날, 공주는 숲 속을 걷다가 마법의 비밀에 통달한 늙은 꼽추의 오두막에 다다랐다. 고대부터 살아온 이 꼽추는 공주가 대단한 에너지와 결의를 지닌 여성임을 알아보았다.

「얘야, 너는 네 불길에 스스로 타버릴 위험에 처해 있구나.」
꼽추가 말했다.

꼽추는 공주에게 자신이 이제 나이가 들었고, 죽고 싶지만 수
많은 책임을 안고 있어서 그럴 수 없다고 말했다. 꼽추는 작고 소
박한 사람들의 조언자이자 친구로서 일하고 있었다. 혹시 공주가
이 일을 이어받을 마음이 있을까? 공주가 해야 할 일은 이러했다.

1) 염소젖 짜기
2) 사람들 가르치기
3) 축제에 쓸 노래 작곡하기

꼽추가 소유한 모든 책들과 세 발 스툴이 공주에게 도움이 될
터였다. 가장 좋은 건 나이 든 꼽추의 하모늄이었다. 이 고색창연
한 악기는 4옥타브를 연주할 수 있었다. 공주는 궁전과 나방 따위
는 전부 잊고 그곳에 머무르기로 결정했다. 나이 든 꼽추 여인은
공주에게 감사하고 곧바로 죽었다.

지넷 윈터슨, 『오렌지만이 과일은 아니다*Oranges are Not the Only Fruit*』

이슬람이 내 페미니즘이요,
페미니즘이 내 이슬람이다

———

마이사 하크

　내가 지금껏 살아오며 바란 건 단 두 가지, 고양이를 키우는 것과 착한 무슬림 소녀가 되는 것뿐이었다. 고양이를 키우기 위해서는 고려할 게 워낙 많고 장기적인 헌신이 필요했으므로 나는 후자의 목표부터 이루려고 노력해 왔다. 고양이와 평생 아름다운 반려 관계를 맺을 수도 있었지만, 불행히도 그 가능성은 유년 시절 싹수가 잘려 버렸다. 어머니가 고양이 알러지가 있는 아버지를 고양이와 맞바꿀 수 없다고 거절한 것이다. 고양이 대신 아버지를 데리고 살기로 결정한 덕분에 나는 시끌벅적하고 사랑이 넘치는 무슬림 대가족에서 성장하게 되었고, 그 결과 이슬람과 나의 관계는 싹수가 잘리지 않은 채 꾸준히 발전해 나가고 있다. 어렸을 적 착한 무슬림 소녀가 되려면 그저 기도 잘하고 거짓말하지 않는 것으로 족하다고 믿었던 나는 나이를 먹으며 점차 복잡한 생활 양식이 필요함을 깨닫게 되었으나, 고양이에 대한 사랑만큼은 여태 그대로다.

나로 하여금 페미니즘에 첫발을 내디디게 만든 건 이슬람 — 정확히 말하자면 일부 무슬림 여성들이 착용하는 머리 가리개인 히잡이었다. 나는 북미 무슬림 청소년을 위한 리더십 캠프에 참가한 뒤 머리를 가리겠다고 결정했다. 이미 사춘기에 들어선 때였고, 전문가들로부터 신이 명백히 내가 머리를 가리고 다니길 원한다는 말을 들었다. 나는 그 말을 문자 그대로 믿었다. 천국에 가기 위해서는 신의 호감을 사야 하는 게 분명하니까. 9·11 테러 후 5년이 지난 당시, 무슬림 인구라고는 한 줌밖에 안 되는 캐나다 소도시에 살고 있던 나는 이슬람에 찍힌 낙인에 대항해야 한다는 압박감을 느꼈다. 히잡을 쓴다는 결정은 신을 만족시키는 목적 외에도 여러 의미가 있었다. 스테레오 타입에 대항하겠다는 전투 깃발을 내거는 행위이자 억압받지 않는 모범 시민으로서 귀감이 되는 일이었고, 특히 여성과 관련해 내 종교에 씌워진 부정적 이미지에 반대 서사를 쓰는 일이기도 했다. 나는 열두 살이었다.

그러나 내가 아는 모든 어른 여자 친척들과 마찬가지로 머리를 가리고 다니던 어머니는 내 마음을 이해하지 못했다. 내가 구원받고 무슬림을 긍정적으로 홍보할 수 있는 방법이라고 믿은 길을 어머니는 반대했다. 너무 어리다는 이유였다. 나더러 사서 고생을 한다고, 내가 아직 이 결정의 사회적·정치적 함의를 완전히 이해하지 못했다고 했다. 어머니가 옳았다. 하지만 나는 스스로 충분히 알고 올바른 결정을 내렸다고 굳게 믿었다. 어머니는 내게 선택권을 주었고, 나는 고등학생 때부터 머리를 가리고 다니기 시작했다. 그때 나는 나 자신에게 끝내주게 만족했다. 머리에 도덕적 우월성과 모호한 자기 정당성을 얹은 나는 포장지에 싸인 사탕, 굴 껍데기 속에 감춰진 진주, 보호받는 보석이 된 기분이었다. 내 페미니즘은 히잡이었고, 히잡이 곧 내 이슬람이었다.

처음 히잡에 대한 열정을 불태우기 시작했을 때 나는 고등학생이었다. 학문적 성공을 거두고 공동체에 봉사한다는 나의 거창한 계획은 아름답게 실현되었으나, 무슬림 여성의 대외적 이미지에 눈에 띄는 영향을 주지는 못했다. 히잡을 쓰고 있을 때 나는 내 모습이 무슬림 전체의 이미지로 비춰질 수 있다는 점을 의식해서 언제나 최선의 행동만을 하려고 노력했다. 무단 횡단을 하거나 쓰레기를 무단 투기하는 등 내가 공공장소에서 못된 행동을 하면 모든 무슬림이 야만인 취급을 받게 되는 양, 이슬람의 대표자가 된다는 무거운 부담을 떠안았다. 다행히 가족과 친구들은 어떤 의복을 입든 상관없이 날 존중해 주었기에, 내가 머리를 가리기 시작한 뒤 일어난 사소한 변화들은 공공 영역으로 한정되었다. 아니면 내 머릿속에만 존재했거나.

히잡을 쓰는 사람들이라면 예외 없이 멍청한 질문들을 받게 된다. 나는 거기 더해 여러 방향의 공적 관심을 받기 시작했다. 긍정적인 관심도 있었다. 어떤 사람들은 내게 이슬람에 대해 질문하면서 내가 무슬림치고 다가가기 쉽다고 말했다. 한편으로는 처음 보는 사람들이 내가 내 모국어인 영어를 어떻게 유창하게 구사하게 되었는지 놀라워하기도 했다. 그들은 내가 태어난 이 나라 캐나다에 온 걸 환영해 주었고, 내가 〈진짜〉 어디서 왔는지를 궁금해했으며, 자유 국가인 캐나다에서 〈그런〉 옷을 입을 필요는 없다고 정중하게 알려 줬다. 선의에서 우러나온 이런 말들을 괘념치 않으려 노력했지만, 자꾸 들으면 귀에 거슬릴 수밖에.

히잡을 쓰려던 본래의 의도는 빛이 바래기 시작했다. 이러한 실천이 더는 영적으로 느껴지지 않았으며, 한때 내가 찬미했던 베일의 은유들이 이제는 모욕적으로 여겨지기 시작했다. 나는 예의범절을 깐깐하게 지키는 무슬림 소녀를 연기하다가 별안간 머리를 밝게 염색하고 피어싱을 여러 개 함으로써 10대다운 반항을 시도하기도 했다. 부모님은 당황했다. 훗날 내 대학 동기들은 극과 극이 공존하는 내 겉모습에 놀랐지만, 당시에도 공공장소에서는 계속 머리를 가리고 다녔기 때문에 이 전략도 별다른 효과는 없었다.

내가 무슬림 공동체에서 익힌 또 하나의 어려운 개념은 〈이성 관계〉였다. 나는 오로지 분명한 목적에 의해, 공공장소에서, 제한적으로만 이성과 사귐으로써 순결을 지켜야 한다고 배웠다. 그게 문제였다. 프랑스어 몰입식 교육을 하는 공립 학교에 다니던 터라 졸업 때까지 나와 같은 갈색 피부의 무슬림 학생을 얼마 만나지 못했던 나는 죄책감을 느끼면서 규칙을 깨고 무슬림이 아닌 남녀 친구들을 여럿 사귀었다. 대학에 가고 해외에서 퀴어 친구들과 가까이 지내면서야, 나는 더 이상 이슬람의 이성애 규범성을 기준으로 한 제한적인 이성 관계 규칙을 지키지 않게 되었다. 토론토와 마르세유에서는 LGBTQ+*에 친화적인 모스크를 다녔다. 그곳에서는 남성과 격리된 자매애보다는 각각의 개인에 초점을 맞추었다. 나는 〈착한 무슬림〉 친구들을 사귀지 못한다는 사실에 더는 죄책감을 느끼지 않았다. 〈착한〉 것이 곧 무슬림이라는 뜻도, 〈무슬림〉이 곧 착하다는 뜻도 아니니까. 내 친구들은 나를 아껴 주는 사랑스러운 사람들이었으며, 그 사실이 나에게는 그들의 젠더와 성적 지향과 종교보다 더 중요했다.

대학에서 나는 비판적 사고와 주체적 학습의 기회를 얻었고 또한 홀로서기를 시작했다. 그 전까지도 히잡은 미디어에 자주 등장했고 더러는 내 머리에 얹히기도 했으나 내가 진실로 히잡 탐구에 뛰어든 건 대학생이 되어서였다. 어머니가 한참 전에 내게 권유했던 히잡 탐구를 시작하면서, 나는 머리를 가리는 것이 이슬람의 성문화되지 않은 여섯 번째 기둥 따위가 아니라고 결론을 내렸다. 천 쪼가리 하나가 나를 바람직한 사람

---

* 레즈비언, 게이, 바이섹슈얼, 트랜스 젠더를 뜻하는 LGBT에 성소수자를 지칭하는 포괄적 용어인 〈퀴어queer〉를 포함한 약어.

으로 만들거나, 신의 인정을 얻어 주지는 않는다.

　나는 코란을 보다 양성 평등적으로 해석하는 멋진 운동을 알게 되었고, 퀴어에 친화적인 이슬람 신학도 접했다. 도덕적 행위 주체와 사회적 정의를 요구할 책임을 강조하고 나의 혼란스러운 감정을 인정해 주는, 페미니즘과 교차하는 새로운 이슬람을 발견했다. 그로써 나는 세계관을 다시 빚었다. 이제는 영성과 포괄적 신학을 기반으로 성전과 인간 존엄성의 가치를 비판적으로 재해석하는 공동체에 참여할 수 있었다. 이슬람을 가부장적인 거석이 아닌 탐험할 수 있는 길로 보자 존경심이 새롭게 피어났다.

　학부 3학년이 된 나는 프랑스에서 한 해를 보냈다. 히잡을 씀으로써 무슬림을 긍정적으로 홍보한다는 임무에서 해방된 1년이었다. 프랑스 무슬림들은 북미와 전혀 다른 상황에 처해 있었고, 그건 캐나다인인 내가 건드릴 수 있는 안건이 아니었다. 내가 다닌 공립 대학에서 히잡 착용은 불법이 아니었지만 행정부에서는 교수진에게 차별을 받을 가능성이 있으니 쓰지 않는 편이 낫다고 조언했다. 프랑스에서는 히잡을 쓰지 않는 것이 일반적인 경향이었다. 나는 학교에서는 보통 머리를 가리지 않았고, 외출할 때도 가끔만 가렸다. 성희롱을 덜 받기 때문에 머리를 가리는 편이 좋은 경우도 있었고, 종교적 차별을 피하기 위해 머리를 가리지 않는 게 유용한 경우도 있었다. 나는 여전히 히잡과의 관계를 조정해 나가는 중이었으나, 히잡이 나를 개인적으로 신과 연결해 주거나 더 나은 무슬림으로 만들어 주는 건 아니라는 사실은 이미 배운 터였다.

프랑스에서 보낸 지난 한 해 동안 나는 더욱 심해진 인종 차별과 성희롱, 종교적 편견 앞에서 분노를 다스리려 애써야 했다. 이 경험은 내게 두 가지 중요한 교훈을 남겼다. 첫째, 무슬림 여성의 이미지를 개선하는 일이 중요하긴 해도, 이제는 그것이 이슬람과 페미니즘 양쪽을 딱하도록 편협하게 바라보는 시야라는 사실을 안다. 무슬림 여부를 떠나 모든 여성의 상황을 개선하기 위해 대단한 노력이 필요한 지금은 특히 그렇다. 둘째로, 나는 남들의 의견 때문에 내 정신 건강을 해치지 않는 법을 배웠다. 주변 사람의 사고방식을 바꾸는 건 때때로 불가능하다.

여전히 해답을 찾지 못했지만, 그래도 나는 조금씩 진보하고 있다. 지난 20년 동안 여기까지 올 수 있도록

도운 신과 부모님, 가족, 친구들에게 감사한다. 앞으로
펼쳐진 인생을 살아가며 성장하고, 실수하고, 가치관
을 조정해 나갈 수 있기를 기대한다. 당장은 단기 교환
학생에 불과하지만, 이슬람 전통에 따라 스스로를 지
식의 구도자라고 부르고 싶다. 올해 나는 고향을 떠나
대양 건너편의 나라에서 독립하여 사는 법을 배웠고,
열한 개 국가를 방문하는 특권을 누렸다. 내년에는 요
르단에 가서 고전 아랍어를 공부할 생각이다. 장기적
으로 나는 캐나다에 돌아가 학생들을 가르치고, 운동
에 참여하고, 학문에 기여하는 공동체의 일원이 되기
를 희망한다. 이게 내가 열망하는 삶과 생활 방식이다.
나는 이미 바람직한 무슬림 여성이다. 이게 나의 이슬
람이다. 이게 나의 페미니즘이다. 그리고 신의 은총이
주어진다면, 어쩌면 언젠가는 고양이를 키울 수 있을
지도 모른다.

———

무엇을 입을지 결정하는 것은 여성의 권리다. 해변에 갈 때 아무것도 입지 않아도 된다면, 무엇이든 입지 못할 이유가 뭔가?
말랄라 유사프자이

1970년 3월, 나는 뉴욕 6번가와 14번로가 만나는 곳에 위치한 대안 대학에 가서 식이 장애와 자기 이미지에 관한 여성 전용 강좌에 등록했다. 내가 이 강좌에 등록한다는 건 거의 풍자에 가깝게 여겨졌다 — 외모를 걱정하는 페미니스트라니! 청바지와 작업용 셔츠를 입고 느낀 우리의 행복은 허울뿐이었을까? 더 이상 여자 친구들과 옷이나 신체 사이즈를 논하지 않던 터였는데. 실제로, 이제는 옷과 몸에 대해 긴장을 풀고, 패셔너블하고 도발적이며 매력적인 사람이 되고자 분투하지 않아도 된다는 안도감이 널리 퍼져 있었다. 우리는 반역의 의상을 입었고 남들의 시선은 무시했다. 그러나 정말 그랬을까?

우리의 자립 모임이 만들어진 것은 여성 해방 운동의 에너지에 힘입어 늘 당연한 것으로 받아들여져 온 전제들을 앞다투어 재고

하던 시기였다. 여성 해방 운동의 창조성은 무수히 많은 의식 함양 모임, 대규모 집회와 시위, 조직적 정치 캠페인에서 싹트고 자라난 페미니즘의 아이디어들이 새로 적용되고 사용될 비옥한 토양이 되었다. 강박적 식이도 그 토양에서 다뤄지는 개념이었다.

식이 장애는 매우 고통스럽고, 겉으로 보기엔 자기 파괴적인 행위다. 그러나 페미니즘으로부터 우리는 이런 딱지 붙이기를 경계해야 한다고 배웠다. 자기 파괴로 보이는 행위들도 알고 보면 전부 세상에 적응하고 대처하려는 시도가 아닌가. 우리 모임에서는 다이어트와 날씬함에 대한 굳건한 믿음을 거꾸로 뒤집었다. 확신을 품지 못한 채로 우리는 천천히 다이어트를 중단해 보았다. 어떤 끔찍한 일도 일어나지 않았다. 세상이 무너지지도 않았고……. 어쩌면 우리는 날씬해지고 싶었던 게 아닐지도 모른다. 아니, 나는 곧바로 그 생각을 묵살했다. 당연히 나는 날씬해지고 싶어! 그리고 내가 날씬해지면……. 그러다가, 문득 말줄임표에 정답이 담겨 있다는 걸 깨달았다. 날씬해진 나는 〈지금의 나〉와 다르잖아……. 왜 나는 날씬해지는 게 두려울까? 이윽고 내가 무얼 겁내고 있는지 또렷이 보이기 시작했다 — 나는 두려움에 맞서, 이 상황에서 뚱뚱해지는 게 무슨 도움이 되겠느냐고 자문했다. 뚱뚱한 나와 날씬한 나의 이미지가 하나로 합쳐지자 살이 빠지기 시작했다. 나는 더 이상 음식에 강박을 느끼지 않고도 스스로 괜찮게 여길 만한 몸매를 가질 수 있다는 깊은 만족을 느꼈다. 나 자신에게서 좋아하는 음식을 빼앗는 사람이 되지 않겠다고 다짐했다. 나는 중요한 교훈을 얻었다 — 뚱뚱하거나 날씬하거나, 나는 똑같은 사람이라고.

수지 오바크, 『비만은 페미니즘의 문제다』

저쪽에 서 있는, 검은 옷을 입은 키 작은 남자는 여자가 남자만큼 많은 권리를 누릴 수 없다고 말하는데, 그 이유가 뭘까? 「예수 그리스도가 여자가 아니었기 때문이지요!」「당신의 그리스도는 어디서 왔나요?」「신과 여자에게서 왔어요!」「남자는 그리스도의 탄생에 보탠 게 아무것도 없군요.」

신이 창조한 최초의 여성이 혼자서 세상을 거꾸로 뒤집을 만큼 힘이 셌다면, 지금 우리 여성들도 힘을 모아 세상을 다시 거꾸로 뒤집어서 올바르게 만들 수 있습니다! 이제 여성들이 그렇게 하고 싶다니까, 그 뜻을 이룰 수 있도록 남자들은 잠자코 있는 편이 좋을 거예요.

소저너 트루스

천장을 응시하며:
예스/노 너머의 문제

———

애버게일 맷슨피파드

대학 졸업과 함께 나는 언행일치를 결심했다. 페미니즘을 실천하고 변화를 위해 힘써 보고자 마음먹은 것이다. 먼저 동네의 강간 위기 센터를 찾아가 곧장 자원봉사자로 등록했다. 강간 생존자나 아동 성폭력 피해자들이 경험을 털어놓거나 감정적 지원을 받고자 오는 곳이었다. 봉사자로 훈련받는 동안, 나는 우리 사회에 만연한 강간에 대한 유해한 믿음들과 성폭력이 낳은 결과를 직시해야 했다. 감정적으로 힘든 시간이었다. 하지만 동시에 피해에 맞서 분투하고 있는 수많은 강인한 여성들에게서 영감과 동기를 얻기도 했다. 처음 몇 번의 세션에선 어떤 일을 겪게 될지 몰라 긴장했지만 이내 적응했고, 곧 요령도 생겼다. 센터를 찾는 여성들은 각양각색의 삶을 살고 있었으나 공통점도 많았다. 나는 그들이 털어놓는 불안과 분노, 슬픔과 무기력, 그들이 겪은 일에 대한 수치심의 고백을 들었다. 경찰은 물론 가족과 친구에게조차 자신의 경험을 털어놓기가 너무나 어려웠다는 이야기도. 소아 성애 집단에서 벌어진 일들, 컬트나 종교 의식을 빙자한 학대, 소름 끼치는 정서적·신체적 학대, 집단 강간, 연인의 손에 죽을 뻔한 경험을 들으며 나는 이것들이 신문 기사나 공포 영화 속의 사건이 아니라 바로 옆에 앉아 있는 여성들에게 실제로 일어난 일임을 진정 실감하기 시작했다.

굉장히 충격적인 이야기를 품고 온 여성들도 있었지만 확신이 서지 않아 혼란스러워하며 센터를 찾은 여성들도 있었다. 그들은 자신이 제대로 찾아온 것인지, 여기 있을 자격이 있는지, 자신에게 일어난 일이 도움을 청해도 될 만큼 〈충분히 나쁜〉 일이었는지 확신하지 못하겠다고 말했다. 머뭇거림에는 여러 이유가 있었다. 정확히 어떤 일이 일어났는지 기억이 희미하거나, 상대에게 복잡하고 교묘한 방식으로 조종당했거나, 일어난 일에 과도한 책임감을 느끼거나. 여성들의 말은 지금껏 내가 외면하려 했던 질문과 감정들을 불러일으켰다. 나는 과거를 되짚으며 나 자신이 원치 않는 행동을 했던 순간들을 돌이켜 보았다.

　어느 날 저녁, 전 남자 친구가 자신을 학대했음을 깨닫기 시작한 젊은 여성과 대화를 나누던 중이었다. 그녀는 전 남자 친구가 감정적으로 자신을 학대하고 조종했으며 종종 자신이 원하지 않을 때도 섹스를 강요했노라고 설명했다. 그녀의 말을 듣던 중, 나의 전 남자 친구 역시 나를 무척 유사한 방식으로 대했다는 사실이 떠올랐다. 과거에 느낀 감정들이 되살아나 속이 거북해지기 시작했다. 연애 초기에 섹스를 할 기분이 아니라고 말하자 그는 내가 자신의 여자 친구이며, 자신을 사랑한다면 언제나 섹스를 하고 싶어 해야 한다고 얘기했다. 언젠가는 섹스 중에 내가 눈물을 터뜨리자 왜 죄책감이 들게 하느냐며 큰 소리를 냈고, 어느 날 아침엔 내가 아직 잠들어 있는 척하는데도 개의치 않고 내 몸을 만졌다. 내가 진짜 막으려 했다면 그가 억지로 나를 제압하진 않았으리라 생각하고 싶다. 그러나 그는 심한 말다툼을 일으키거나 잔인하게 굴면서 거절이라는 선택지를 대단히 어렵게 만들었고, 나는 그가 마음대로 나와 섹스하도록 두는 게 차라리 쉽다는 결론에 다다랐다.

돌이켜 보면 그와의 연애뿐만이 아니었다. 그 뒤에도 나는 거절하는 방법을 찾고, 어색한 대화를 나누고, 상대의 자아에 상처를 입히는 대신 그냥 섹스를 하는 쪽을 택하곤 했다. 그런 노력들이 통하지 않았던 것을 기억하고 있었기 때문이다. 나는 그저 한발 물러나 다른 곳을 보거나 천장을 응시하면서 내 몸을 남자들이 이용할 수 있는 구멍으로 내주었다. 섹스를 하면서 나 자신은 아무것도 느끼지 못하는 경우가 허다했다. 그냥 아프기만 한 때가 더 많았다.

그렇게 몇 년을 보내고 나는 단지 동의를 구하는 것을 넘어 내가 정말로 〈원하는지〉 지속적으로, 그리고 적극적으로 확인하는 남자와 연애를 시작했다. 그는 매번, 단 한 번의 예외도 없이 동의를 구했다. 새로운 경험이었다. 일단 빛을 느끼고 나자 과거의 그림자가 점점 짙어졌다. 한때 예삿일이라고 생각했던 것들이 이제는 괜찮지 않아 보였다. 그러나 〈합의〉라든지 〈강간〉이라든지 하는 개념을 내 경험을 설명할 언어로서 택하기란 어려운 것이, 사실 몇몇 경우에는 일정 범위까지 합의를 했기 때문이다. 말했듯이, 거절로써 상대를 화나게 하기보다는 합의라는 선택지가 나았으니까.

나는 때때로 나 자신의 즐거움이 아니라 남자 친구에게 사과하고 속죄하고 내가 그를 사랑한다는 걸 입증하기 위해 절박하게 섹스를 하고자 했다. 만일 다른 사람과의 대화 중에 이런 얘기를 들었다면 나도 〈강간〉이나 〈성폭력〉이나 〈강압〉이라는 단어를 썼을지 모르겠다. 그러나 내 얘기가 되자 어느새 입장을 바꾸어 외부로 분출해야 할 분노를 내부를 향한 자기 비난으로 바꿔 버리는 것이다.

내가 겪은 일들에 성폭력의 개념을 적용하기가 이토록 어려운 또 다른 이유는, 내 전 연인들 중 몇몇이 여전히 내 친구이기 때문이다. 나는 아직도 그들을 인간적으로 좋아하며 아낀다. 우리 사회에서는 성폭력 가해자를 어두운 골목에 나타난 낯선 이, 악독한 괴물이나 사이코로 묘사하는 경향이 있다. 그런 이미지가 진실과는 거리가 멀다는 걸 알기에 아끼는 사람들에게 그런 딱지를 붙이는 게 꺼림칙하다. 나는 그들에게 여러 끔찍한 연상이 내포된 강간범이라는 딱지를 붙일 수도, 혹은 내 경험을 외면하고 부정한 채 그들과 친구로 지낼 수도 있는 입장에 놓여 있다. 미디어에서도 이런 갈등은 끊임없이 되풀이된다. 대중은 자신의 아들, 형제,

파트너나 우상에게 씌워진 혐의에 격분하고, 그들이 강간범이자 그에 내포된 모든 것이라는 사실을 받아들이기를 거부한다. 자신의 행동을 직시하거나 반성하길 거부하는 개인들도 다르지 않다. 그럼으로써 그들은 악하고 폭력적인 괴물인 강간범의 전형으로부터 안전 거리를 유지하고자 한다.

　나와 잠자리를 가졌던 사람들이 사실은 내가 원하지도 즐기지도 않았다는 걸 알 턱이 있었겠냐고 반문하는 사람들도 있으리라. 물론 그들에게 솔직하게 얘기하고 거절하지 못한 건 내 책임이다. 그러나 나는 또한 내가 내 몸을 사용하기로 선택하는 과정에서 자존감과 자긍심이 복잡한 역할을 한다는 점을 인지하고 있다. 나는 우리 사회로부터 여자의 자존감이 어떤 요소들로 규정되는지에 관한 메시지를 주입받았다. 나는 매력적이고, 섹시하고, 체모를 밀거나 제모하고, 알맞은 옷차림을 하고, 침대에서 능란하며 남자를 만족시키는 여자가 되어야 한다고 배웠다 ─ 요컨대 내 가치는 내가 얼마나 섹스하기 좋은 여자인가에 달려 있었다.

　연인들이 내게 정말 하고 싶은지 한 번만 질문했더라면 내 의향을 분명히 확인할 수 있었으리라 생각하는 사람들도 있을 것이다. 상대가 〈싫어〉라고 확실히 거부했는지에만 초점을 맞출 것은 아니라고 나는 생각한다. 우리가 진짜로 집중해야 할 건 상대가 〈좋아〉라고 말했는지의 여부다. 이것이야말로 내가 정말로 원하는 과정이다. 내 전 애인들이 바디 랭귀지를 해석하지 못했을 거라고 깎아내리려는 게 아니다. 내가 흥분해서 행위에 집중하고 적극적으로 참여하는 대신 시선을 피하고 시원찮게 굴면서 수동적이고 소극적인 자세로 임했다는 건 훤히 보였을 테니까. 정말 우려스러운 것은 다수 남성들이 파트너가 열정적으로 즐기고 있는지 확인하지 않을 뿐 아니라, 그것이 딱히 중요하다고 생각하지도 않는다는 점이다. 우리 문화에 만연한 메시지는 남자들이 여성을 자신에게 성적 만족을 주는 대상으로 여기도록 부추기는 동시에, 여자들이 스스로의 섹슈얼리티를 수치스럽게 여기도록 만든다.

나는 이 문제가 단지 예스/노 너머에 있다고 느낀다. 무 자르듯 흑백으로 나눌 수 없는 문제, 누군가 타인을 강간하겠다고 의식적으로 결정하는 것에 국한되지 않는 문제 말이다. 의식적으로 결정한 것이 아니라면, 나아가 행위자가 인지하지 못하고 있다면, 그것은 성폭력일까 아닐까? 만약 누군가 팔을 흔들면서 붐비는 방에 들어가다가 다른 누군가의 얼굴을 친다면, 그것은 폭행일까 아닐까? 고의가 아니었으니 아니라고 답할 수도 있다. 그러나 그들이 분별없이 남에게 해를 입힐 것이 분명한 행동을 한 건 사실이다. 성폭력과 강간은 성이 아니라 권력과 통제의 문제다. 다른 사람의 신체를 자신의 성적 만족을 위해 쓸 자격이 있다고 믿는다면, 이는 곧 불평등한 권력의 역학 속에서 타인보다 자신의 욕구를 우선시하는 셈이다. 성폭력이 누구나, 누구에게나 가할 수 있는 것임에도 남성이 여성에게 가하는 사례가 가장 흔한 이유가 바로 이것이다. 우리의 가부장적 사회에서 남성은 타인보다 자신의 욕구를 우선시하고, 자기 필요를 충족시키기 위해 여성을 성적 대상화하도록 격려받는다. 성폭력 생존자들이 자신에게 일어난 일을 통제할 수 있었다거나 선택권이 있었다는 말은 우리 사회에서 권력이 어떻게 분배되어 있는지, 또며 선택권을 가지기 위해 어떤 조건이 필요한지를 단단히 오해한 발언이다.

나는 내가 섹스와 관련하여 자율적으로 선택하는 법을 배우지 못했다고 생각한다. 무엇이 어디로 들어가는지, 어떻게 성병과 임신을 피할 수 있는지는 배웠으나 나 자신의 성을 탐사하고, 섹스에 대해 말하고, 내가 원하는 것과 원하지 않는 것을 요구하는 방법은 배우지 못했다. 폭력적인 관계와 건강한 관계가 각기 어떤 형태를 취하는지도, 성폭력의 구성 요소가 무엇인지도 알지 못했다 — 그리고 나와 섹스를 한 이들도 몰랐으리라는 생각이 종종 든다. 다른 여성들과 대화를 나누고 내 과거 경험을 돌이켜 보면서 나는 대단히 많은 여자들이 성폭력이 예삿일이라고 생각한다는 사실을 깨달았다. 우리는 성폭력을 받아들이고, 나아가 기대하기에 이르렀다. 더러는 그것이 성폭력임을 인지하지조차 못한 채.

예스/노 사이에는 회색 지대가 있다. 상처로 채워진 그 탁류의 불확실성을 해결하는 방법은 섹스, 권력, 성폭력에 관해 솔직한 대화를 나누는 것, 그리고 우리의 행동과 그것이 남에게 어떤 영향을 미치는지를 직시하는 것이다. 거짓말하고 은폐하고 받아들이기 힘들다는 핑계로 외면해 버리는 일에 대해 집단적 책임감을 갖지 않으면 성폭력은 변하지도, 예방되지도 않을 것이다.

나는 인생 최초의 순간부터 주위 사람들에게 사랑과 교육을 받아 온 여자아이가 어떻게 자라날 수 있는지를 알려 주는 본보기다.

내 주변에는 조용한 힘과 존엄성에 대해 가르쳐 주는 특별한 여성들이 있었다.

미셸 오바마

엄마는 나를 페미니스트로 키웠다. 엄마는 형과 내게 여성이 문화적으로 너무 자주 대상화된다고 지적하곤 했다. 예컨대 우리는 늘 한자리에 모여 LA 레이커스 경기를 보았는데, 치어리더들이 입장할 때마다 엄마는 말했다. 「자, 봐라. 이 장면이 하려는 얘기가 뭘까? 남자들은 재주를 발휘해 스포츠 영웅이 되고 여자들은 예쁘면 장땡이라는 거지.」 치어리더 여성 개인을 겨냥한 말은 아니었다. 엄마가 이를 지적한 까닭은 TV와 영화와 잡지에 이런 이미지가 팽배해 있었기 때문이다. 잠시 멈춰 생각하지 않으면 이 이미지는 뇌에 스며들어 현실을 인지하는 방식으로 굳어 버린다. 나는 스스로를 페미니스트라 부른다. 나는 철저히 페미니스트다! 우리에게 어떤 역할이 강제되었다는 사실을, 하지만 우리가 그 역할에 스스로를 끼워 맞출 필요가 없다는 사실을 명심하자. 우리는 무엇이든 원하는 사람이 될 수 있다.

조셉 고든레빗

어머니가 되면 관점이 변하고 감정이 깊어진다. 창조성과 기발한 생각들, 선행을 하고자 하는 소망, 아니 선행뿐 아니라 무엇이든 〈더〉 하려는 소망이 커진다. 아이디어에 불이 붙고, 인생에 〈중요한〉 것이 무엇인지가 다시 정의되며, 궁극적으로는 당신이라는 사람이 바뀐다 — 당신이 예상조차 하지 못한 방식들로.

미셸 호턴

여성들이 따르기로 되어 있는 무언의 협정이 있다. 나는 아이들 곁에 있지 못하는 것에 대해 끊임없이 죄책감을 느끼는 척하기로 되어 있다. (실은 아니다. 나는 내 일을 사랑하거든.) 전업주부들은 인생이 지루해서 직장에 나가고 싶은 척하기로 되어 있다. (실은 아니다. 그들도 자기 일을 사랑하거든.) 우리가 이 협정을 따르기만 하면 길거리에서 유혈 사태가 벌어지는 일은 피할 수 있을 거다.

에이미 폴러, 『예스 플리즈』

한 어머니, 우리 사회 구조가 그녀와 동류인 여성들 모두에게 부과한 절망의 몫을 떠안고 산고를 치른 어머니. 내 아이여, 내 사랑하는 딸이여, 이런 어머니야말로 너에게 행복을 주고자 감히 모든 제약을 깰 것이고 너의 가슴에서 슬픔을 떨쳐 내기 위해 기꺼이 질책에 맞설 것이다. 사랑하는 딸이여, 내가 들려주는 이야기에서 네가 얻어 갈 교훈과 조언들이 널 단지 물들이기보다 널 움직이길 바란다. 네가 내 조언을 고찰하거나 내 논리를 헤아리기 전에 죽음이 나를 너에게서 낚아채 갈지도 모른다. 그 탓에 나는 깊은 불안을 안고, 네가 행동의 대원칙을 세울 수 있도록 아주 어렸을 적부터 이끌고자 한다. 네가 망설이느라 한창때를 활용하지도 즐기지도 못한 채 흘려보내고 헛되이 후회하는 일이 없도록. 경험을 쌓아라 ─ 아! 꼭 경험을 쌓아라. 경험할 수 있을 때 많은 경험을 하고 배짱 있게 행복을 추구해라. 이는 능력을 키우는 지름길이기도 하다. (……) 내가 어떻게 행동해야 하는지 의심하고 심사숙고하느라 몇 년을 허비하지 않았더라면, 지금쯤 나는 유능하고 행복한 사람이 되어 있을 텐데.

메리 울스턴크래프트, 『마리아, 또는 여자의 잘못Maria, or the Wrongs of Woman』

20대의 몇 년은 성장하고 자아를 발견하는 경이로운 시기다. 이 시기에 우리는 성인 시절을 어떻게 보낼지, 우리가 어떤 사람인지 규정한다. 너무나 많은 사람들이 〈자아를 찾는〉 유일한 방법이 숲 속에 들어가 홀로 고독하게 내면을 들여다보는 것이라고 생각한다. 그러나 내 경험에 비추어 보건대, 어머니가 되는 것보다 더 내면을 들여다보게 해주는 일은 없다. 어머니가 되는 건 자신의 흠결과 단점과 마음속 깊이 자리 잡은 콤플렉스 앞에 거울을 세우는 것과 같다. 자신을 ─ 인생 전반을 ─ 새로운 생명의 렌즈를 통해 보는 일은 전환의 계기를 마련한다. 이는 성장하고 자기 안에서 최고의 모습을 찾아내야 할 급박한 이유가 된다.

미셸 호턴

인권법을 지켜 내야 할 이유: 여전히 투쟁하고 있는 아이들과 어머니들을 위해

로지 브리그하우스

최근 몇 달 동안 신문 헤드라인을 눈여겨보았다면 1998년부터 지금까지 보통 사람들이 국가에 책임을 지우는 수단이 되어 준 인권법이 폐지될 위기에 처했음을 알 것이다. 나와 동료들은 매일 인권법에 기대어 우리 고객들이 정의를 구현할 수 있도록 돕는다. 그러니 내가 인권법 폐지에 반대하는 게 크게 놀랄 일은 아니리라. 페미니즘에 대한 믿음은 인권에 대한 믿음과 떼놓을 수 없다 ─ 즉 영국의 모든 페미니스트가 인권법 폐지에 반대해야 옳다는 뜻이다.

정부는 인권법을 영국 권리 장전으로 대체하고자 한다. 인권법의 사용을 〈가장 심각한〉 경우로 제한하고, 〈사소한〉 일은 대놓고 무시하겠다는 얘기다. 생의 막바지에 다다른 여성 노인이 화장실을 사용하기 위해 몇 시간을 기다려야 한다. 자녀가 있는 여성이 주소를 거짓으로 답했다는 누명을 쓰고 의회 공무원들에게 감시당한다. 로자 파크스는 버스 뒤편의 흑인석으로 가기를 거부한다. 정치인들에게 〈사소한〉 인권 침해와 〈심각한〉 인권 침해를 가르는 선을 결정할 권리가 주어져도 되는 걸까?

빨치산 정치인들이 인권의 보편성을 침해하도록 놔둔다면 우리의 권리에 대한 보호는 약해질 수밖에 없고, 여기서 제일 큰 타격을 입는 것은 취약 계층이다. 역사가 보여 주듯 가장 취약한 계층은 부와 권력과 선택권을 갖지 못해 불리한 처지에 놓인 여성인 경우가 많다. 영국의 모든 여성들이 현대의 노예제, 가정 폭력 및 성폭력, 인신매매, 임금 불평등, 공적 영역에서의 무시 등으로 이루어진 〈일상적 성차별〉의 기후에 영향을 받는 오늘날도 다르지 않다.

양성 불평등은 지구상의 모든 불평등 가운데 가장 오래되었으며 견고하다. 성차별은 영국에서조차 일상 속에 너무나 지독하게 뿌리박혀 있기에 간과되기 일쑤다. 인권법은 이처럼 흔해 빠진 불평등이 사실 얼마나 부당한지에 초점을 맞춘다. 이 단순한 법 하나가 어머니에게서 자녀를 빼앗는 불공정한 판결에 맞서고, 가정 폭력 피해자를 보호하고, 보호 시설에 거주하는 여성들의 존엄성을 지켜 내고, 망명을 희망하는 여성들을 보호해 왔다.

인권법으로 인해 권력자들은 약자들을 무시하고 학대하면 반격당할 수도 있다는 사실을 자꾸 기억하게 된다. 상류층에게는 불편한 일이 틀림없으니, 그게 인권법을 폐지시키려고 이 난리가 난 이유일지도 모르겠다.

인권법의 중요성은 국가로 하여금 인권 침해를 방지할 긍정적인 의무를 지게 한다는 데 있다. 모래에 머리를 처박고 못 본 척 넘어가는 것이 안 통한다는 의미다. 인권법이 생긴 뒤로 공공 기관은 모든 사람이 존엄하게, 공정하게, 존중을 담아 대우받을 수 있도록 지침과 정책을 개선해야만 했다. 인권법은 목소리를 낼 수 없는 사람들 — 표를 구걸하는 정치인들에게 하찮아 보이는 사회 주변부의 사람들 — 이 당하는 불공정한 대우들을 덮고 넘어가기 훨씬 어렵게 만들었다.

나는 시범 판례 소송, 로비, 캠페인, 무료 자문을 통해 영국 내 시민권을 보호하고 인권을 증진시키는 캠페인 그룹 〈리버티Liberty〉의 사무 변호사다. 리버티는

2012년 콩고 민주 공화국에서 보안 담당관을 자처하는 남성들에 의해 납치된 메리(가명)를 위해 싸우고 있다. 그녀는 몇 주 동안 감금되어 정기적으로 집단 강간을 당하고 고문받았다. 결국 탈출해서 콩고 민주 공화국을 벗어나 영국에 도착했지만, 얄스 우드의 이민자 추방 센터로 보내져 또다시 몇 주 동안 감금당한 채 남성 직원들의 감시를 받았다. 그녀는 외상 후 스트레스 장애 증상에 시달렸으며 기존의 정신 건강 문제도 악화되었다. 우리는 인권법을 들어 메리가 불법적으로 구금당했다고 주장하고, 이런 사건의 재발을 막고자 한다.

일부 하원 의원들과 신문이 주장하는 바와 달리 남녀노소는 물론 부자와 빈자를 가리지 않고 무수한 〈보통 사람들〉이 인권법을 통해 정의를 찾았다. 그러나 많은 인권 문제가 여전히 여성을 괴롭히며, 특히 성적 학대와 가정 폭력이 그러하다. 사람들은 이런 범죄를 수사할 법적 의무가 경찰에 있다고 생각하지만 사실은 그렇지 않다. 경찰에 심각한 인권 침해를 수사할 법적·실제적 의무를 부과하는 수단은 인권법이 유일하다. 일반적인 기대와 달리 경찰은 사건을 잘못 해결해도 업무 태만으로 고소를 당할 수 없어서, 인권법만이 피해자들이 정의를 구현할 유일한 길인 경우가 잦다.

예를 들어, 2009년 젊은 여성 조애나 마이클이 두 자녀 앞에서 전 애인의 손에 잔인하게 살해되었다. 살해당한 밤 그녀는 경찰에 두 차례 전화했고, 가장 가까운 경찰서는 집에서 고작 몇 분 거리였다. 그러나 경찰은 그녀의 첫 번째 전화를 받고 출동하지 않아도 된다고 오판했다. 마침내 경찰관들이 도착했을 때 조애나는 이미 사망한 뒤였다. 대법원은 피해자가 경찰을 업무 태만을 이유로 고소할 수 없다는 기존의 판례를 고수했다 — 그러나 인권법이라는 유일한 법적 수단을 통해 정의를 되찾을 〈수도〉 있다는 판결이 나왔다.

인권법은 수 세기 동안 남성과 남성이라는 우선순위에 지배받아 온 우리의 법체계가 실패에 맞닥뜨리는 바로 그 지점에서 여성 인권을 보호한다. 리버티를 찾아온 한 의뢰인은 어린 딸들의 나체 사진을 찍고 그중 한 명을 성폭행한 가해자가 사진들을 돌려받지 못하길 원했다. 빅토리아 시대로부터 내려온 고릿적 법에 따르면 경찰은 남자에게 사진을 돌려줘야 했다. 사진이 저장된 기기가 그 남자의 소유물이니 더 볼 것도 없었다. 리버티에서는 이 소송에서 인권법을 들어 그의 소유권

보다 어린 자매의 인권이 더 중요하다는 사실을 보여 주었다.

가정 폭력과 성폭력 생존자들이 정의를 구현할 방법이 인권법뿐이었던 사례는 워낙 많아서 하나하나 짚을 수 없을 정도다. 예를 들어 1백 명이 넘는 여성을 강간하고 성폭행한 택시 운전사 존 워보이스의 피해자들은 인권법을 들어 무능한 광역 경찰청에 항의한 뒤에야 겨우 행동에 나설 수 있었다. 한 열일곱 살 강간 피해자의 경우, 경찰이 강간범을 수사하는 대신 그녀를 무고로 잘못 기소하는 바람에 자해와 자살 시도를 하기에 이르렀다. 소녀가 겨우 보상을 받을 수 있었던 건 인권법 덕분이었다.

상식적으로 가정 폭력이나 부부간 강간은 더 이상 용인되지 않지만, 그렇다고 해서 현실에서도 근절된 건 아니다. 여성의 인권을 보호할 수 있는 법은 인권법이 유일하다. 어린이들 사이에서 이루어지는 〈섹스팅〉, 〈리벤지 포르노〉, 소셜 미디어에서 용감하게 자기 의견을 내는 여성들에 대한 집단 공격 등 오늘날 성인 여성들과 소녀들이 맞서야 하는 새로운 난관들을 효과적으로 해결할 수 있는 유연한 법도 인권법뿐이다.

남녀가 정말로 동등한 세계를 만들기 위해 해야 할 일이 아직 많다. 평등을 이루려면 보편적인 인권법의 진보가 필요하다. 인권에 반대하는 영국 정부의 근시안적이고 파괴적인 태도는 타국에서 기본권을 요구하는 여성들의 시도마저 꺾어 놓을 수 있다. 인권법 폐지는 커다란 퇴보다. 영국 정부가 인권에 가치를 두지 않는다면, 억압적이고 가부장적인 타국 정부가 변화할 필요를 느끼겠는가? 아직도 기본적 인권을 위해 투쟁하고 있는 전 세계의 아이들과 어머니들을 위해 인권법을 지켜 내려는 싸움에 동참하자. 우리가 가졌던 게 얼마나 귀중한지는 잃고 나서야 알 터이니.

———

지구상에 다른 어떤 전쟁보다도 큰 전쟁이 벌어지고 있다. 아프리카, 아시아, 미국, 캐나다, 유럽, 호주, 남아메리카에 사는 어린 소녀들에 대한 전쟁이. (……) 우리는 매년 3백만 명에 달하는 여성 할례의 피해자를 애도한다. (……) 모든 종류의 인권을 침해하는 여성 할례는 21세기 사회에 발붙여선 안 될 관습이다. 이제 진정 행동할 때다!

와리스 디리

나는 생각과 질문과 할 말이 있는 여성이다. 내가 아름답다는 말은 내가 한다. 내가 강하다는 말은 내가 한다. 내 얘기를 정하는 건 당신이 아니다──내가 할 것이다.

에이미 슈머

남성의 판타지, 남성의 판타지. 모든 게 남성의 판타지에 의해 돌아가는 걸까? 받침대에 올라가 서는 것도, 무릎을 꿇고 앉는 것도, 죄다 남성의 판타지다. 남성이 주는 걸 전부 감내할 만큼 강한 것도, 그저 손 놓고 상황을 받아들일 만큼 약한 것도 전부 남성의 판타지다. 남성의 판타지를 만족시키지 않는 척하는 것조차 남성의 판타지다. 시선을 받지 않는 척, 자기만의 인생이 있는 척, 열쇠 구멍을 통해 훔쳐보는—바로 당신 자신의 머릿속 열쇠 구멍을 통해 매 순간 훔쳐보는—염탐꾼을 의식하지 않고 발을 닦고 머리를 빗는 척하는 것 또한 남성의 판타지다.

당신 안에 여자를 훔쳐보는 남자가 있다.

당신은 당신 자신을 훔쳐본다.

마거릿 애트우드, 『도둑 신부 *The Robber Bride*』

여성의 미덕은 남성이 만들어 낸 최고의 발명품이다.

코닐리아 오티스 스키너

당신은 스트리퍼거나, 제모를 합니까?

버티 브란데스

내가 〈레딧Reddit〉에 올라온 한 포럼의 댓글들을 보여 준 사람들은 지금껏 한 명도 예외 없이 손바닥에 얼굴을 묻고 패배의 깊은 신음 소리를 냈다. 아마 당신도 10분 뒤면 똑같은 행동을 할 것이다. 흔히 〈인터넷의 첫 페이지〉라고 일컬어지는 레딧에 대해 일견식이 있다 해도, 여기까지 예상하진 못했을 테니까. 커뮤니티 사이트 레딧은 〈페미니즘은 남자들을 2급 노예로 만들려 한다〉라는 주장을 표현만 바꿔 강박적으로 되풀이하는 것 외엔 무엇에도 흥미가 없는 거만하고 적의 가득한 남자들의 지배하에 있다고 알려져 있는데, 정확한 평판이다. 레딧에서 여성은 대상화되고 모욕당하고 낙인찍히며 여성 인권에 대한 논의들은 절반은 불편하게, 절반은 순전히 어이없는 방식으로 해체된다. 최신

판 주장은 이런 식이다. 〈미성년자와의 섹스가 허가되지 않는 건 (……) 서구 페미니스트들이 어린 여자들과 경쟁하기 싫어서 남성의 성을 통제하고자 하기 때문이다.〉 여기서 당신은 이미 신음을 흘렸겠지. 그러나 이게 끝이 아니다.

최근 이 광기 속을 힘겹게 헤쳐 나가던 중, 나는 클릭 한 번으로 완전히 새로우며 보다 흥미로운 방식으로 우울한 주제를 마주하게 되었다 — 대부분 여성으로 이루어진 레딧 사용자들이 인생에서 처음으로 성적인 시선을 받은 기억을 공유하고 논하는 포럼이었다. 수만 건의 댓글을 보면서 가장 충격적이었던 것은, 그러나 전혀 놀랍지는 않았던 것은, 나이 든 남성에게서 성적인 시선을 처음 받은 경험이 아주 많다는 사실이었다. 여성들이 털어놓은 대부분의 이야기에는 학교 운동장 그네 근처를 어슬렁거리는 명랑한 남자아이들이 아니라, 평균 열한두 살 소녀들의 가슴을 뚫어져라 쳐다보는 포식자 성인들이 등장했다. 지금쯤 두 손에 얼굴을 묻었으려나? 그럴 줄 알았다.

가장 가까이 있는 단단한 표면에 머리를 몇 번 박은 뒤, 당신의 머릿속엔 아마 두 가지 생각 중 하나가 스쳤을 것이다. 우리 문화에서 소녀의 성을 상품화하는 게 문제인지, 아니면 정말로 소아 성애라는 전염병이 돌고 있는 건지. 양쪽이 무관하다고 나는 확신할 수 없다. 앤드루 오헤이건은 『런던 리뷰 오브 북스*London Review of Books*』에 기고한 BBC 예능국에 대한 에세이에서 〈영국 문화 자체가 상업적·예능적 자극이라는 측면에서 대단히 소아 성애적인 것은 아닌지〉 묻는다. 그의 가차 없는 지적은 패션 및 뷰티 산업에도 적용된다. 이 문제가 소수의 음흉한 성인 남자에 국한되지 않는다는 점은 명백하다. 우리는 아주 어린 시절부터 여성의 신체가 일종의 상업적 화폐라는 믿음을 적극적으로 부추기는 문화에서 살고 있다. 성 긍정 운동을 벌이는 페미니스트 몇몇이 중요한 주장들을 펼쳤음에도 불구하고, 유년기부터 남녀가 교육받는 자기표현의 방식은 놀랄 만큼 불균형하다. 성인인 부모들은 상대적으로 선택의 자유를 누리지만 일반적으로 소녀들을 위해 만들어지는 반바지는 점점 더 짧아질 것이고, 티셔츠는 더 몸에 꼭 맞고 쫀쫀해질 것이며, 티셔츠에 적힌 문구는 점점 더 미심쩍어질 것이다. 어린 10대 소녀로서 당신은 불가피하게 어느 시점에서부터 슬슬 티팬티를 입어야 할지 고민할 것이다. 이상한 일이다. 왜냐면 나는 여름에 우리 오빠보다 더위를 더 타거나 털이 더 나거나 냄새가 더 나거나 입술이 더 건조해지지 않는단 말이다 — 아 잠깐, 거기 당신도 체리색 틴트를 발라보는 게 어때? 알다시피 〈자궁〉 유무를 제외하면 우리는 별로 다르지도 않잖아 — 열 살, 열한 살의 어린 나이부터 겉치장을 시작하라고 우리를 떠미는 일상은 그렇지 않다고 세뇌시키지만.

궁극적으로는 이는 가치의 개념에 달린 문제다. 산업이 주도하는 우리의 소비 문화 — 뷰티 제품을 팔아 한 해에만 여자들의 주머니에서 3천억 파운드 이상을 빼내는 이 소비 문화가 제멋대로 여성의 몸을 가치 구조 안에 위치시켰다. 이는 본질적으로 여성의 몸에 가격이 있음을 함축한다. 그러므로 길거리에서 태어날 때부터 누군가에게 보이기 위한 대상, 평가당하고 휘파람을 듣고 조롱을 받고 나쁘게는 더듬어도 되는 대상으로 취급되는 것도 전혀 놀랍지 않다.

지난해 『가디언』의 통계에 따르면 13세에서 17세 사이의 소녀 열 명 중 네 명이 성적 행위를 강요당한 경험이 있다고 한다. 성폭력이라는 전염병의 원인으로 보이지 않는 악을 탓할 수는 없다. 레딧 포럼이 보여 주듯 소녀들과 젊은 여성들은 여성의 몸을 대상화하라고 권유받은 남성들의 세상을 탐험하고 있으며, 동시에 남성 동료들에게는 요구되지 않는 수준의 자기 관리 및 치장을 해야 한다고 부추기는 문화라는 공범에 붙들려 있다. 2014년 여름 『보그Vogue』의 여동생이자 〈10대 독자〉를 타깃으로 삼는다고 자칭하는 『미스 보그Miss Vogue』에서는 체모에 대한 질문 순서도를 실었다. 첫 질문은 이러하다. 〈당신은 스트리퍼거나, 제모를 합니까?〉 이윽고 이런 질문들이 잇따랐다. 〈고통을 잘 느끼는 편입니까?〉 〈체모가 굵은 편입니까?〉 대답에 따라 상이한 체모 관리 대책이 제시되었다. 이 퀴즈가 경각심을 불러일으키는 까닭은 『미스 보그』에서 어쩐 일인지 〈체모를 길러도 괜찮기 때문에 / 당신은 아직 어리니까 / 당신은 있는 그대로 아름다우니까〉 체모를 그대로 놔둬도 된다는 선택지를 빠뜨렸기 때문이다. 대신 그들은 375파운드짜리 개인용 레이저 제모기에 〈보그의 선택〉 도장을 찍고 다음 페이지로 넘어갔다. 이런 종류의 미디어는 여성들이 읽는 법을 배우는 순간부터 그들을 쫓아다니고, 거머리처럼 달라붙어서 결코 떨어지지 않는다.

요점은, 나는 앞서 언급한 레딧 포럼이 너무 끔찍해서 읽다 말았지만 나머지를 지금처럼 계속 못 본 척한다면 우리는 대단히 현대적인 희롱에 가담하는 셈이라는 얘기다. 여성지에서부터 신문, 게임, 영화, TV는 물론 그 사이의 무한한 공간에 이르기까지, 어디에서도 소녀들과 여성들을 대상화하거나 페티시로 만드는 것이 아닌 다른 방식으로 묘사하려는 노력은 보이지 않는다. 이 태만은 범죄에 가깝다. 언제까지 유독한 문화를 맹목적으로 받아들이고, 일상에서 나타나는 성차별의 현실에 놀라기만 반복할 텐가? 나는 항상 레딧이 여성에게 유해한 공간이라고 생각해 왔다. 나 자신마저 여성에게 유해하다는 사실을 깨닫는 공간이 될 거라고는 생각지 못한 채.

———

　남자들은 폭력을 중단할 필요가 있지만, 그게 다는 아니다. 대다수의 남성은 폭력을 휘두르지 않으니까. 남자들에게 필요한 건 침묵을 깨는 일이다. 길거리에서 이루어지는 희롱에서부터 성추행이나 강간, 살인에 이르기까지, 여성에 대한 폭력을 〈여성 문제〉로 칭하는 것은 남성들로 하여금 그런 일을 무시하게 만든다. 그들에게 아무 책임도 없고, 그것을 끝낼 의무도 없는 것처럼.

　　도널드 맥퍼슨

　누가 많이 가졌고 누가 못 가졌는지를 경쟁하는 올림픽은 그만둬야 한다. 너와 나는 다르다는 것을 인정하면서 대화할 수 있는 효과적인 방법을 찾아야 생산적인 결론에 도달할 수 있다. 그저 이렇게 말할 수 있으면 된다. 「그게 나에게는 진실이야.」 쏟아지는 항의와 불평에 흔들리지 않고, 이 세상에 수백 개의 진실이 공존할 수는 없다는 인상을 풍기지 않고, 내가 아는 진실을 온전히 전달할 수 있어야 한다.

　　록산 게이, 『나쁜 페미니스트*Bad Feminist*』

내가 이해하기에, 여성 운동은 무엇보다도 기억에 관한 것이다. 우리에 앞서 살고 투쟁하고 일하고 사랑했던 여성들을, 우리가 이름을 들어 본 적 없는 이들마저도, 기억하는 것이다.

엘리프 샤팍, 『페미니즘의 50가지 그림자』

연결이 전부다

로라 베이츠

2012년 초 여성들에게 일상 속의 성차별에 대해 질문하기 시작했을 때 그들 대부분은 들려줄 이야기가 한두 가지밖에 없다고 운을 뗐다. 그러나 경험을 공유하면서 점차 연결이 이루어지기 시작했다. 한 이야기에 다른 이야기가 꼬리를 물었고, 점점 더 많은 사건들이 떠올랐다. 한 여자가 자기 이야기를 들려주면 다른 이들도 비슷한 일화를 기억해 내서 대화가 눈덩이처럼 불어났다. 〈일상 속의 성차별 프로젝트〉를 온라인으로 옮겼을 때도 같은 일이 벌어졌다.

수십만 건의 증언이 잇따른 이 프로젝트는 사람들이 진솔한 언어로 털어놓는 다양한 성차별 경험을 이어 붙인, 폭넓고 힘 있는 패치워크 퀼트가 되었다. 생각해 보면, 일상 속의 성차별 프로젝트가 성공할 수 있었던 건 개인과 개인을 이어 줬다는 사실 때문이다. 아무에게도 말 못 할 강간이나 성폭력의 무게를 몇 년 동안 감내해 온 여성들은 다른 여성들의 목소리에서 유대감을 느꼈고, 그로써 마침내 외로움을 덜었다. 어떤 여성들은 처음으로 자신이 당한 일이 자기 잘못이 아니라고 생각하게 되었다. 일어나서 모든 종류의 성차별을 비난한 다른 강인한 여성들 덕분에 직장에서의 차별이나 성폭력을 신고할 용기를 얻은 사람도 있었다. 여성들은 소셜 네트워크를 통해 직접적인 지원과 힘과 위안을 얻었다. 자기 경험을 트위터에 올린 여성들은 세계 곳곳에서 연민 어린 반응을 받았다.

일상 속의 성차별 프로젝트는 참여한 여성들에게 카타르시스와 위안을 안겨 줬고, 여기서 수집된 광대한 데이터는 상이한 영역들을 관통하는 중요한 진실을 드러냈다. 고발된 젠더 불평등은 다양한 유형이었으나 그 사이에는 명백한 연결 고리가 있었다. 우리는 (종종 남성 평론가들에게) 페미니스트로서 우리가 어디에 초점을 맞추어야 〈하는지〉 조언을 듣는가 하면, 특정한 주제에 대해 〈유난을 떤다고〉 꾸짖음을 당하곤 했다. 강간이나 가정 폭력에 대해 이야기하는 건 용인되지만 길거리에서의 희롱에 대해 말을 꺼내는 순간 우리는 〈사소한 일에 화내는〉 사람이 된다. 재계나 정계에 여성의 수가 부족하다는 점은 지적할 수 있으나 미디어에서의 성차별을 이야기하려 들면 물어뜯기기 일쑤다 — 그냥 화낼 대상을 찾고 있는 거 아니야? 걱정해야 할 중요한 일들이 훨씬 많잖아.

모두 지극히 얄팍한 주장에 불과하다. 페미니스트들은 다수의 전선에서 동시에 싸울 수 있다. 현재 영국의 여성 인권 활동가들은 여성 할례부터 뮤직비디오 속의 성차별과 인종 차별에 이르기까지 모든 것에 맞서 싸우고 있으며, 표면상으로 아무리 〈사소해〉 보일지라도 모든 형태의 성차별은 지적당해야 마땅하다. 우리 프로젝트에서 수집한 내용들은 오히려 대규모 전투 옆에서 꾸준히 작은 싸움들을 해나가는 것이 얼마나 중요한지를 보여 주었다.

닫힌 현관문 뒤에서 배우자나 연인을 학대하는 남자들도 상대에게 〈호들갑을 떤다는〉 성차별적인 비방을 퍼붓는다. 길거리에서 남자에게 희롱당한 여성이 그를 애써 무시하며 집에 도착한 순간 문 앞에서 성폭행을 당하기도 한다. 한 〈종류〉의 사건은 때로 다른 사건으로 발전한다. 새로 내각에 임명된 여성 장관들이 다우닝가를 〈캣워크〉로 만들었다느니 〈캐머런의 귀염둥이〉라느니 운운하는 언론의 비하 발언을 듣고 복장과 화장을 지적받는다는 사실을 염두에 두지 않으면 남녀 하원 의원 성비가 불균형하다고 아무리 지적해 봤자 소용없다. 여성을 한 영역에서 2등 시민으로 취급하도록 내버려 뒀을 때 공고해지는 생각과 태도는 다른 영역에도 연쇄적인 영향을 미친다. 이게 우리가 모든 유형의 성차별을 짚고 넘어가야 하는 이유다.

우리 프로젝트에서 만들어진 두 번째 연결은 서로 다른 편견들 사이를 잇는 것이었다. 우리는 단순한 성차별이 아니라 다른 형태의 차별과 얽히고 중첩된 성차별을 겪는 여성들의 이야기를 들었다. 나이 든 여성들은 무시당하거나 〈노망이 났다〉며 의견을 묵살당한다. 흑인 여성들은 〈톡톡 튄다〉거나 〈이국적〉이라는 얘기를 듣고 트워크*를 춰보라는 말을 듣는다. 아시아인 여성들은 순종적인 아내와 결혼 상담소에서 주선한 신부에 대한 고정 관념에 시달린다. 정신 건강 문제가 있는

* twerk. 성행위를 연상시키는 노골적인 엉덩이춤을 말한다. 2013년 옥스퍼드 영어사전이 선정한 올해의 단어.

여성들은 〈히스테리컬〉하거나 과민하게 반응한다고 비난받는다. 장애 여성들은 지팡이로 폴 댄스를 춰보라는 말을 듣고, 휠체어를 탄 〈여성 운전수〉에 대한 험담을 듣는다. 트랜스 여성은 공격받고, 공중화장실에서 쫓겨난다. 레즈비언 커플은 〈지켜보거나〉 〈합류해도〉 되겠느냐며 따라다니는 남성들에게서 도망쳐야 한다. 바이섹슈얼, 무성애자, 퀴어, 간성 여성들은 의심을 사고 조롱을 받고 〈탐욕스럽다〉는 비난을 받는다. 뚱뚱한 여성은 성폭행을 당해도 황송해해야 한다는 말을 듣는다. 성폭행을 당한 성노동자들은 그들이 당한 일이 강간으로 분류될 수 없다는 말을 듣는다.

성차별의 다양한 〈유형〉에서 확인할 수 있듯, 각각의 불평등은 편리하게도 깔끔히 동떨어진 것이 아니라 교차하고 중첩하여 축적된 효과를 낸다는 사실이 밝혀졌다. 그러므로 한 유형의 성차별과 싸우기 위해서는 반드시 모든 유형의 성차별을 동시에 고려해야 한다. 성차별이 진공 상태에서 존재하는 것이 아니라, 우리 사회가 기본형으로 삼은 지배적 기준에서 벗어난 〈타자〉로 사는 경험의 일부로서 존재하는 모든 다른 편견들과 얽히고설켜 있음을 인정해야 한다.

우리 프로젝트에서 만들어진 세 번째 연결은 여성들이 제보한 내용과 남성들이 제보한 내용을 잇는 것이었다. 그 두 가지는 서로 구분되는 별개의 문제가 아니라 동전의 양면과 같았다. 우리는 육아 휴직을 신청했다가 비웃음을 당하는 남성들과 〈임신할 위험이 있으므로〉 승진을 거부당하는 여성의 이야기를 들었다. 여자아이들은 히스테리컬한 드라마 퀸이라고 놀림받는 반면 남자아이들은 〈남자는 울지 않는다〉고 배운다는 이야기를 들었다. 자기 아이를 〈잘 돌본다고〉 칭찬받는 아버지들과 〈하룻밤을 쉰다고〉 비난받는 어머니의 이야기를 들었다. 제보를 살펴보니, 케케묵은 젠더 고정 관념에 맞서 싸우는 일은 여성뿐 아니라 모두에게 명백히 이득이었다. 우리는 성별에 따라 서로 다른 문제를 겪고 있는 게 아니라 하나의 성차별적 기준이 낳은 부정적 결과에 (대체로 여성이긴 해도) 다 같이 고통받고 있다. 이 전투를 함께 싸워 나가는 건 모두에게 유익한 일이다 — 남성이 여성에 〈맞서〉 싸울 게 아니라, 여성이 남성에 〈맞서〉 싸울 게 아니라, 우리 모두가 편견에 맞서 싸워야 한다.

앞서 말한 연결들은 필연적으로 또 다른 연결을 낳

았다. 들고일어나 연대한 사람들에겐 힘이 있다. 우리가 연대하고 서로를 지지한다면, 그럼으로써 모든 수준에서 부당함과 각종 편견에 맞서 싸운다면, 성차별과 성폭력을 단순히 〈여성 문제〉가 아니라 인권 문제로 본다면 큰 변화가 일어날 것이다.

내 페미니즘은 이 모든 사실들로 빚어졌다. 나는 성별과 무관하게 모두가 공평하게 대우받아야 한다고 믿기에 스스로를 페미니스트라 부른다. 나는 다른 이들이 내 곁에 서 있으며 나 역시 그들 곁에 서 있다는 것이 자랑스러우므로 스스로를 페미니스트라 부른다. 평등을 이뤄 내기 위해 아무리 사소하더라도 모든 전투에 참전해야 한다고 믿기에 스스로를 페미니스트라 부른다. 아직도 성별, 인종, 계급, 성 정체성, 성적 지향, 장애 등을 잣대로 작동하는 불평등이 존재하고, 그것을 해체해야 하기 때문에 나는 스스로를 페미니스트라 부른다. 모든 사람을 공정하고 존엄하게, 존중을 담아 대우하는 것이 우리 모두에게 이득이기 때문에 나는 스스로를 페미니스트라 부른다.

페미니즘은 두려운 단어가 아니기에 나는 스스로를 페미니스트라 부른다. 정말 두려운 것은 지구상의 여성 세 명 중 한 명이 살면서 강간이나 폭력을 경험하리라는 사실이다. 정말 두려운 것은 이 불평등한 세상이고, 페미니즘은 그것을 고치기 위해 존재한다.

———

네게 닥치는 일을 전부 통제할 수는 없겠지만, 그로 인해 약해지지 않겠다고 결정할 수는 있어.

마야 엔젤루, 『딸에게 보내는 편지 Letter to My Daughter』

규칙을 깬 많은 사람들이 그러듯이, 그녀는 미쳐 버릴 수도 있다. 저항하는 척 연기하면서 실제로는 자신이 속한 기성 지배 계급의 지위를 공고히 하는 사람들 말고 (……) 더 큰 행동으로써 사회적 질서를 붕괴시키는 사람들. 자신 앞에 닫혀 있기 마련인 문을 밀어 열고자 하는 사람들. 가끔 이런 사람들은 정말로 미쳐 버리는데, 세상이 그들이 원하는 걸 원해선 안 된다고 말하기 때문이다. 포기하는 게 제정신으로 보일 수도 있다 — 그러나 포기하면 정말로 정신이 나갈 것이다.

E. 록하트, 『프랭키 란다우뱅크스의 불명예스러운 역사』

20대 초반에 나는 홀로 지내는 시간의 색다른 즐거움을 혼자서 〈독신녀의 꿈〉이라는 이름으로 부르곤 했다. 나이가 들고 결

219

혼에 대한 문화적 기대를 더 강하게 실감하기 시작하면서 이 표현은 영영 정착하지 않는 삶을 세세하게 상상해 보는 일종의 사고 실험에 가까워졌다. 여기서 핵심은 〈꿈〉이라는 단어다. 꿈은 행동 계획이 아니라 그저 바람이다. 내가 이런 현실 도피적 환상에 빠진 건 아이러니하게도 연애가 내게 너무나 의미 있고 만족스러웠기 때문일지도 모르겠다. 그런 연애를 그만두길 원하는 게 아니라, 의미와 정체성을 찾을 다른 길 역시 원하기 때문일지도.

지금 와서 돌아보니 이 사고 실험은 결과적으로 긍정 강화로서 작동하고 있었다. 마음속 ─ 학자 캐럴린 하일브런이 자신의 삶을 남성 위주로 구성하지 않기로 선택하는 여성들을 칭한 멋진 용어인 ─〈규정되지 않은 여성〉에 대해 궁금해하고 그녀와 대화를 나누면서, 나는 마침내 그런 여성이 되었다.

이 책을 쓰기 위해 조사하는 과정에서 나는 지금껏 별로 이야기되지 않은 〈규정되지 않은 여성〉의 역사를 보다 포괄적으로 이해하게 되었다. 그게 내가 〈독신녀〉라는 단어와 진정으로 사랑에 빠진 순간이다.

    케이트 볼릭, 『**독신녀** *Spinster*』

까다롭고 사귀기 어려운
연애 칼럼니스트

캐럴라인 켄트

내가 만들어 낸 페르소나는 섹스와 연애를 스스로 통제하고 선택할 수 있는 힘을 가진 여성이다. 나는 매력적이고 콧대 높은 여성이며, 나에게 유혹은 모국어 다음으로 유창한 언어다. 나는 연애 칼럼니스트다.

나는 위선자이기도 한데, 왜냐면 사실 나는 까다롭고 남들 대하길 어려워하기 때문이다.

연애는 내가 가장 능숙해야 하는 일이다. 연애는 내게 쉽게 느껴져야 마땅하다.

나는 TV나 소설 속 다루기 힘들고 사랑하기 어려운 여성 캐릭터들을 동경한다. 이기적으로 행동하며 비호감인 여성들은 나를 황홀하게 만든다. 그들은 살아 있고, 깨어 있고, 뻔뻔하다. 대부분의 여성들이 감히 따라 하려고 시도조차 못 할 만큼. 즉, 그들은 진짜로 살고 있다.

그러나 인생은 책이 아니라서, 까다롭고 진저리 나고 비호감인 인물이 주위 사람들에게 공감을 얻고 운명을 구원받는 이야기를 써줄 자애로운 작가가 없다.

나는 쉽게 남들의 호감을 사려 하지 않는다. 감히 나를 사랑하려 시도하는 이들을 향해 오히려 적극적으로 전투태세를 취한다. 필요 이상으로 상황을 어렵게 꼬는 것이 내 강점의 하나다. 내 몸과 머리는 쉽게 자라지 않았다. 나는 여성성을 꽃피우지 않았다. 여성성은 그저 내가 해결해야 하는 또 하나의 골칫거리일 뿐이었고 연애는 그 일부였다. 나는 어디에도, 누구와도 들어맞지 않았다. 내 살갗조차도 일과 끝에 한시바삐 벗어던지고 싶은 싸구려 나일론처럼 근질거렸다.

신체와 대인 관계를 비롯하여 내 존재의 모든 것이 서툴게만 여겨졌다. 나는 너무 많은 공간을 차지했다. 내 성격은 내 신체와 마찬가지로 부담스럽고 비대하고 타인과의 교제에 걸림돌이 되었다.

나는 어떻게든 나 자신을 움츠러뜨리려 했다. 앉으면 녹은 버터처럼 퍼지는 엉덩이, 머리에서 몇 미터는 소용돌이쳐 나와 나를 집어삼키는 생각들. 머릿속에서 자꾸 웬 목소리가 들려서 청각 장애 검사를 받기까지 했다(결과는 음성이었다. 환청의 이유는 단지 내가 한시도 입을 다물지 않아서였다).

성장이란 게 참 어렵지 않은가? 나는 언제 여자가 되었는지는 기억하지 못해도 언제 소녀를 탈피했는지는 안다. 말리부에 취해 있던 터라 흐릿하지만, 자리에서 일어나지 못하는 나를 사람들이 부축했던 게 생각난다. 어떤 레깅스를 신고 있었는지, 점심으로 무얼 먹었는지, 그때 내 침실 벽은 무슨 색으로 칠해져 있었는지, 바깥으로 나가 나보다 몇 살 많은 남자들과 어울리기 직전 마지막으로 혼자 춤추며 들은 음악이 무엇이었는지 전부 기억한다. 두 남자가 내 양팔을 붙들고 있었고 몇몇은 배경에서 웃으며 망을 보고 있었다. 새벽 5시에 깨끗하고 신선한 피 냄새를 맡으며 잠에서 깼다. 기이하게도 나는 그 피에 호기심이 동했다. 매달 흘리는 갈색 얼룩 같은 피와는 달랐다. 선홍빛 피는 걸쭉했고 부피감이 있었으며 아기의 머리 냄새, 혹은 40-40 게임을 하던 중 남동생이 내 면전에 대고 문을 쾅 닫아서 그해 여름 처음 튼 호스의 물줄기처럼 강하게 터져 나왔던 자줏빛 코피 같은 냄새가 났다.

그로부터 한 달 뒤, 나는 야한 옷을 입고 다니면서 나를 피해자로 대우하길 어렵게 만들고 있다. 학교에서는 술병 입구를 막아 남자들이 약을 타지 못하게 하는 특별한 빨대를 나눠 준다. 우리는 열다섯 살, 강간을 당해서 즐거운 밤을 망치고 싶지 않다면 슬슬 술병을 조심해야 할 나이다. 내가 짝사랑하는 펑크 밴드 멤버의 주먹에 새겨진 〈사랑/증오LOVE/HATE〉 문신을 패러디해 손가락 마디에 펜으로 〈데이트/강간DATE/RAPE〉이라고 적는 걸 보고 친구들이 키득거린다. 「재미없는 장난이구나.」 가짜 문신을 한 손으로 모카 칩 프라페를 들고 현관문에 들어서자 엄마가 꾸짖는다. 그 말의 속뜻은 이렇다. 「캐럴라인, 그러면 사람들이 널 동정하기 어려워져.」

나는 필름이 끊길 때까지 과음하기 시작했다. 그래야 모든 게 덜 어려워졌으니까. 20대에 이르자 나는 가족보다 알코올이 덜 어렵다는 걸 배웠다. 그리고 알코올보다 코카인이 덜 어려웠다. 굶는 것도 그랬다. 아무것도 먹지 않는 게 내 몸에 영양분을 공급하는 것보다 훨씬 덜 어려웠다. 어려운 것을 좇을 때도 있었다. 나는 사랑한다는 말을 들으면서 일상적으로 학대당하는 연애에 빠져들었다.

소녀에서 여자로의 이행은 스스로를 대하기 까다롭고, 그래서 남들보다 하찮은 사람이라고 느끼게 만드는 이들에게 사과하는 법을 배운다는 뜻이었다. 나는 그런 처우를 받아 마땅했다. 그들이 다루기에 좋은 고분고분한 존재가 되지 않은 벌이었다.

나는 나 자신을 쉬워 보이게 하는 방법을 배웠다. 연애와 섹스. 당신이 나만큼 까다롭게 굴지만 않는다면 그 모든 게 얼마나 쉬운지 떠벌리는 일로 커리어를 쌓았다.

과거에나 지금이나 페미니즘은 내가 다루기 어려운 사람이어도 〈괜찮다〉고 느낄 수 있는 유일한 공간이다. 혼란스럽지만 한편으로는 확신하고 있는가? 괜찮다. 상처받은 사람이자 치유하는 사람인가? 괜찮다. 여성성과 여성주의라는 상자에 나 자신을 욱여넣기 위해 모서리를 뭉툭하게 다듬거나 몸을 움츠리지 않아도 괜찮다.

페미니즘이 정확히 뭔지 몰라도 나는 스스로를 페미니스트라 부른다. 실은 페미니즘은 나 자신만큼이나 정의하기 어렵다. 그리고 신이시여, 나는 페미니즘에서 숭고한 위안을 얻는다. 내가 사전의 〈페미니즘〉 항목을 집필할 수는 없을지 몰라도, 그게 어떤 느낌인지는 안다. 페미니즘이 말을 걸면 나는 그 목소리를 단박에 알아듣는다. 눈멀고 귀먹은 아기가 어머니를 알듯이 페미니즘을 안다. 페미니즘이 무엇인지 설명할 수는 없지만 페미니즘의 존재감과 그로부터 나오는 위안을 너무나 강렬히 느끼고, 페미니즘이 설명 불가능한 방식으로 나를 지지하고 보호해 준다는 것도 안다. 때로 페미니즘은 내가 믿을 수 있는 유일한 것이다.

페미니즘에서 까다로운 사람이 되는 건 틀렸다는 뜻이 아니다. 어쩌면 페미니즘은 보다 광범위한 사회적 변화를 위한 개념인데 내가 지나치게 스스로에게 관대하고 유리한 방향으로 해석하고 있는지도 모르겠다. 그러나 윗입술에 잔뜩 힘을 주지 않으면 뇌가 콧구멍으로 쏟아져 나올 것처럼 느껴지는 날들, 나는 페미니즘에 의지한다.

페미니즘은 내가 꺼지라고 말한 모든 사람들이 마침내 내게 다가오길 멈췄을 때 들려온 속삭임이다. 내면 깊숙한 곳에 위치한 무언가가 책과 기사와 블로그에서, 그리고 마침내는 내 머릿속으로부터 듣게 된 목소리다. 그 목소리는 내게 말했다. 「너는 이런 대접을 받아도

싼 사람이 아니야. 너는 요구하지도, 합의하지도 않았어. 무슨 일이 벌어지고 있는지 완전히 의식하지 못했을지라도, 그게 너에게 일어난 일이 그르지 않다는 의미는 아니야.」그 목소리는 내게 강해지는 법을 가르쳤고, 진실로 원하는 것을 하는 대신 남들의 기대에 맞추려 굴복할수록 내 인생은 점점 내 소유가 아니게 될 거라고 알려 줬다. 나는 까다로운 사람이고, 나는 그대로 괜찮다.

어떤 사람들은 묻는다. 「왜 〈페미니스트〉라는 단어를 쓰죠? 그냥 인권을 믿는다거나, 그런 식으로 표현하면 안 됩니까?」 왜냐고? 그건 정직하지 못한 선택이니까. 페미니즘은 물론 보편적 인권의 일부다 ─ 그러나 〈인권〉이라는 모호한 표현을 사용하기로 결정하는 것은 곧 젠더라는 구체적이고 엄밀한 문제를 부정하는 일이다. 몇 세기에 걸쳐 배제되어 온 집단이 여성임을 무시하는 일이다. 젠더 문제가 여성을 겨냥하고 있음을 부정하는 일이다. 인간으로 사는 것이 문제가 아니라 정확히 말해 여성 인간으로 사는 것이 문제라는 걸 부정하는 일이다.

치마만다 응고지 아디치에

이상적으로는 모든 아이들의 학창 시절에 이런 말을 반복해서 꾸준히 들려줘야 한다. 「너희는 세뇌당하는 중이다. 우리는 아직 주입식을 대체할 교육 체계를 만들어 내지 못했다. 미안하지만 이게 우리가 할 수 있는 최선이다. 지금 너희가 배우고 있는 건 현재 팽배한 편견들과 특정한 문화적 선택의 융합물이다. 역사를 슬쩍 훑어보기만 해도 이것들이 얼마나 덧없는지 알 수 있다. 너희의 교사들은 선조들이 구축한 사상 체계에 적응할 수 있었던 사람들이다. 교육은 그렇게 스스로를 영속시킨다. 남들보다 강인하고 독립적인 사람들은 이곳을 떠나 스스로 배울 방법을 찾아봐라. 스스로 판단하는 법을 배워라. 이곳에 남을 거라면 줄곧 명심해야 한다. 너희들이 이 특정한 사회의 좁고도 특정한 요구에 들어맞는 방식으로 주조되고 정형화되고 있다는 것을.」

　　도리스 레싱, 『황금 노트북 *The Golden Notebook*』

　마침내 마음을 가라앉히고 그 어떤 젊은 여성보다도 자신만만한 얼굴로 한 손에는 편지를, 다른 한 손에는 수표를 들고 나타난 그녀는 상을 받았다는 소식으로 가족을 깜짝 놀라게 했다! 물론 성대한 축하 파티가 열렸고, 출간된 소설이 도착하자 다 같이 읽으며 찬사를 늘어놓았다. 다만 아버지만은 표현력이 훌륭하고 로맨스도 신선하고 따뜻하며 비극도 꽤 스릴 넘친다고 칭찬을 건네다가 문득 고개를 젓더니, 특유의 세상 물정 모르는 투로 말했다.

　「조, 더 잘할 수 있어. 최고를 목표로 삼으렴. 돈 같은 건 신경 쓰지 말고.」

　「하지만 〈내〉 생각에는 상금이 최고인걸. 그렇게 큰돈을 벌었는데 어떻게 쓸 작정이야?」 마법의 종잇조각을 경건한 눈빛으로 바라보며 에이미가 물었다.

　「베스랑 어머니를 한두 달 바닷가로 보내려고 해.」 조는 재빨리 대답했다.

　많은 논의 끝에 두 사람은 정말로 바닷가에 다녀왔다. 베스는 조가 기대했던 만큼 통통해지거나 장밋빛 혈색을 하고 돌아오지는 않았지만 건강이 훨씬 나아졌으며, 마치 부인은 10년은 젊어진 기분이라고 단언했다. 그래서 조는 상금의 투자 결과에 만족하고는 달콤한 수표를 더 얻어 내겠다는 결의에 차서 흥겹게 작업에 몰두했다. 실제로 조는 그해 몇 장의 수표를 더 손에 쥐었다. 그러자 집안의 실권을 잡은 기분이 들기 시작했다. 펜의 마법으로써 그녀의 〈쓰레기〉가 모두의 위안으로 변신했기 때문이다. 『공작의 딸』로 푸줏간 청구서를 해결할 수 있었고, 『유령의 손』으로는 새 카펫을 깔았으며, 『코번트리 가문의 저주』로 마치 가문은 식료품과 새 가운이라는 축복을 받았다.

분명히 부는 가장 바람직한 것이나 빈곤에도 밝은 면이 있으니, 역경이 주는 하나의 달콤함은 머리나 손으로 근면히 일하여 얻는 진정한 만족이다. 세상의 현명하고 아름답고 유용한 축복의 절반은 필요에서 오는 영감에서 태어났으리라. 조는 이런 만족감을 즐겼고, 자신의 필요를 스스로 채울 수 있으며 남에게 땡전 한 푼 구걸하지 않아도 된다는 사실에 크나큰 위안을 얻고선 부유한 여자들을 부러워하길 그만뒀다.

루이자 메이 올컷,『작은 아내들 *Little Women Wedded*』

당신이 내게 죄책감을 느끼지 않는 여자를 보여 주면, 나도 당신에게 남자를 보여 드리지요.

에리카 종,『비행 공포 *Fear of Flying*』

쓰레기처럼 굴 권리

이저벨 아도마코 영

2015년 국제 여성의 날 페이스북에 접속하여 본 뉴스피드가 떠오른다. 역사 속 여성들의 성취를 기억하고 축하하고 공론화하며 사회적·정치적 평등을 요구하는 포스트가 줄줄이 올라왔다. 스스로를 열성적인 페미니스트로 규정하고 언제나 더 큰 평등을 원하는 나로서는 얼마나 신나고 힘이 되는 광경이었는지! 그러나 스크롤을 내리다가 곧 충격에 휩싸였다. 여성이 남성과 동등할 자격의 이유로 여성들의 성취를 드는 건 정말로 그릇된 생각이다.

말하자면, 훌륭한 여성의 성취를 축하하는 일이 대단히 중요하다는 점(그게 국제 여성의 날의 존재 의의이기도 하다)과는 별개로, 그 두 가지가 혼동되기 너무나 쉽다는 것이다. 피억압자의 지위에 놓인 여성을 완전무

결한 존재로 떠받든다면 거꾸로 하기도 무척 쉽다. 〈바이펠리페ByeFelipe〉나 〈틴더 나이트메어스Tinder Night-mares〉* 같은 우습고도 끔찍한 사이트에는 여성을 〈받들어 모신다고〉 주장하지만 여성이 〈남자들이 친절하게 하사해 준 권력〉을 사용해 원치 않는 섹스 제안을 거절하면 폭력적으로 돌변하는 섬뜩한 〈낭만주의자〉들의 사례가 가득하다.

온라인의 미치광이들에 국한된 얘기가 아니다. 페미니즘 운동마저 동일한 함정에 빠질 수 있다. 가령 정부 내 동등한 젠더 비율을 위해 의회 성비를 50 대 50으로 맞추자는 청원의 지지자들이 〈여성이 세상을 지배했다면 우리 모두 훨씬 살기가 나아질 텐데〉라고 말하는 걸 종종 듣는다. 샌디 토크스빅은 (정말 기쁘게도) 여성평등당 설립을 발표하고 몇 시간 뒤 찍힌 사진에서 〈여성 하원 의원 겨우 23퍼센트 = 잠재력 낭비〉라는 구호가 적힌 푯말을 들고 있었다. 여성의 능력에 대한 믿음이 아름답다는 점, 또한 긍정적인 캠페인이 징징대는 캠페인보다 더 많은 걸 얻을 수 있다는 점은 분명하다.

* 소셜 데이팅 어플 〈틴더〉를 비롯한 온라인 데이트 서비스 내에서 일어난 적대적이거나 폭력적인 대화를 기록·공유하는 사이트.

하지만 〈잠재력 낭비〉는 핵심을 한참 비껴간 표현이다. 우리에게 잠재력을 실현할 기회가 주어져야 하는 건 그것이 도덕적으로, 정치적으로, 인간적으로 옳기 때문이다. 여성이 실제로 성공하는지의 여부는 수많은 다른 요소에 좌우되며 문제의 핵심이 아니다. 다른 식으로 표현하자면, 사회가 아동을 교육시키는 건 그중 몇몇이 A학점을 받을 것이라서가 아니잖은가? 사회가 아동을 교육시키는 건 그게 옳은 일이라서다.

SF와 만화에 등장하는 〈강력한 여성 인물〉의 전형을 보자. 작가들이 여성 인물들을 더 많이 등장시키고 있다는 건 기뻐할 일이지만 절망스럽게도 그 여성 인물들은 깊이가 없거나, 플롯과 전혀 무관하거나, 혹은 둘 다인 경우가 잦다. 소피아 맥두걸이 제대로 지적했다. 「오늘날 공주들은 전부 쿵후를 할 줄 아는데도 똑같이 공주다. 아직도 남자의 연애 상대고, 다섯 남자로 구성된 팀의 홍일점일 뿐이다.」 이런 이야기가 얼마나 많은가? 장담컨대 셀 수 없을 것이다. 다인원 액션 영화 포스터 중 아무것이나 찾아보면 알 수 있는 사실이다. 사회는 전통적으로 여성에게서 완벽을 요구한다. 그 완벽의 기준이 시대에 따라 달라질 뿐이다. 1400년대 이상적 미인의 그림을 보면 당대 사회의 요구 사항에 따라 기묘하리만치 긴 목과 아담한 젖가슴과 넓은 이마가 눈에 띈다. 나는 여성 관객들이 현대 영국 문화를 통해 자신들의 매혹적이고 입체적인 모습을 확인할 자격이 있다고 생각한다 ─ 물론 남성 관객들도 그럴 필요가 있고! 끝내주게 멋지고, 섹시하고, 개연성 없이 완벽한 귀감들이 복잡하고, 더럽고, 질투하고, 우유부단하고, 잔인하고, 심지어 도덕성조차 미심쩍지만 그럼에도 호감 가는 여성 인물들보다 우세해 보이도록 그냥 놔둔다면, 우리에겐 단지 새로운 달성 불가능한 목표가 주어지는 셈일 뿐이다. 여자아이들은 충분히 〈세지〉 못하다는 말을 들을 것이다. 이미 우리가 듣는 무수한 말들에 그것까지 더해질 필요는 없다.

내가 제일 좋아하는 인물은 「배트맨Batman」의 스핀오프에 등장하는 허구의 악당 할리 퀸이다. 그녀만큼 진짜 깊이를 지닌 여성 슈퍼히어로로는 얼마 되지 않는다. 할리 퀸의 팬을 자처하는 타라 스트랜드는 그녀를 좋아하는 이유에 대해 이렇게 설명한다. 〈그녀는 똑똑하거나 여성으로서 좋은 선택을 하진 않지만,《자기 뜻대로》선택한다. 남성 인물들은 온갖 방법으로 자기 인

생을 망치는데 여성 인물들은 그러지 못하지 않는가.〉
할리 퀸은 세지만 동시에 복잡하다 ── 그리고 가끔은
틀린다. 가장 멋진 건 그녀가 단지 여성 인물 비율을 맞
추기 위해, 혹은 여성도 근사할 수 있다는 걸 보여 주기
위해 창조된 캐릭터가 아니라는 점이다. 그녀는 재미
있고, 유쾌하며, 공감을 자아낸다.

　한 가지 더 짚고 넘어가자면, 〈힘〉에 대한 사회적 기
대는 그 기대를 받는 사람들에게 실질적인 위험을 초래
할 수 있다. 예를 들어 흑인 여성은 〈건실하며〉 백인 여
성들보다 빈곤과 폭력을 더 잘 견뎌 내리라 기대받는
다. 자메이카 여성 조이 가드너가 영국에서 추방당하
고 구금 중에 사망한 사건이 있었다. 그때 그녀의 머리
와 얼굴에 4미터에 이르는 붕대를 감았던 직원들 중 한
명은 가드너가 그가 만난 〈가장 힘세고 폭력적인 여성〉
이라고 평했다.

　사법 체계 내에 〈강인한 흑인 여성〉에 대한 선입견이
존재하기 때문에 흑인 여성은 더 긴 복무 기간을 선고
받고, 백인 수감자보다 공격적이거나 난폭하리라는 가
정하에 교도관들로부터 더 악랄한 대접을 받는다. 최
근 나온 한 다큐멘터리에서 얄스 우드 이민자 추방 센

터에 위장 잠입한 취재진은 한 교도관이 (심지어 범죄자도 아닌) 구금자들을 〈야수〉라고 부르는 광경을 목격했다.

이런 전형은 다른 식으로 변주되기도 한다. 예컨대 사회 정치학 교수 왐부이 므왕기는 한 아름다운 글 속에서, 겉보기엔 마냥 무적 같았던 그녀의 흑인 어머니에게 힘이라는 환상이 어떤 영향을 미쳤는지 탐구하며 이런 질문을 던진다. 〈그 탓에 그녀가 어떤 종류의 대가를 치러야 했는지 우리가 한 번이라도 자문하긴 하는가?〉

트랜스 여성은 적어도 표면상으로는 〈남성〉이므로 신체적 반격을 할 수 있으리라는 편견에 기초한 증오 범죄의 희생자가 되기도 한다. 이렇듯 현실 세계에서 약해질 자유 없이 마냥 강인하게만 묘사되는 여성들이 치러야 하는 대가를 항상 명심해야 한다.

뿌리는 다르지만 남성들도 같은 종류의 고통에 시달린다. (면도 크림 광고에 등장하는 〈상남자〉 스타일의) 〈과도한 남성적 이상〉은, 학대당하고 〈계집애 같고〉 동성애자이고 불안하고 신체적으로 덜 강한 남성들로 하여금 스스로를 부족한 사람으로 느끼게 한다. 여기서 잘못된 자존심이 태어난다. 이 자존심은 사소한 수준에서는 절대 남에게 길을 묻지 않는 고전적인 스테레오 타입으로 발현하지만, 약해 보일까 걱정한 나머지 자살 충동이 들거나 정신적으로 불안정할 때조차 도움을 구하지 못하는 무척 심각한 문제를 낳기도 한다. 2015년 2월 호 『인터내셔널 비즈니스 타임스*International Business Times*』의 보도에 의하면 〈2013년 영국에서 일어난 자살 시도의 78퍼센트가 남성이었다〉.

페미니즘 운동이 약한 여성을 모욕한다는 등의 주장을 하려는 건 아니다. 하지만 주어진 기회에 값하는, 〈전부 잘해 내는〉 강한 사람이 되어야 한다는 요구 사항은 우리에게 정말로 유해할 수 있다. 요는 모두가 아름답고 강하고 완벽할 수는 없다는 것 — 그리고 그것이 우리가 존중받을 조건도 아니라는 점이다. 소피아 맥두걸이 지적하듯 픽션 속 약물 중독자 셜록 홈스나 사이코 제임스 본드가 완벽하지 못하다고 비판하는 사람이 있던가? 여성들이여, 우리가 아름답기 때문에 가치 있다고, 우리가 강하고 용감하기 때문에 비중 있게 대우받아도 된다고 믿지 말자. 만화에서든 의회에서든 마찬가지다. 우리 대다수는 완벽하지 못하며 그건 젠더와 무관하다. 이분법적 젠더 기준 바깥에서 정체화한 사람들과 여성들에게 우러러보고 모범으로 삼을 성공한 대표자들이 필요한 건 사실이다. 그러나 그들은 어디까지나 한 인간으로서 칭찬받거나 비판받아야 한다.

우리의 복잡다단한 장단점을 있는 그대로 받아들여달라는 건 결코 지나친 요구가 아니다. 특히 여성의 경우 그렇다. 여성에게 완벽이라는 특성을 부여하는 것은 완벽해지는 데 실패한 여성들을 미리 비난하는 것이나 마찬가지다. 픽션 속에서든 현실에서든 여성에게는 지루하고, 이기적이고, 멍청하고, 조급하고, 못되게 굴 공간이 주어져야 한다. 옷 안쪽에 무엇이 있든, 스스로 무엇으로 정체화하든, 한 인간으로서 공감받고 평가받아야 한다. 남성을 비롯해 다른 누구에게나 적용되는 얘기다. 영화 「필라델피아 이야기The Philadelphia Story」에서 캐서린 헵번은 존 하워드에게 말한다. 「나는 숭배받고 싶지 않아요. 나는 사랑받고 싶어요.」

여성을 부를 수 있는 최악의 호칭이 뭘까? 망설이지 말고 어서 말해 보자.

아마 창녀, 걸레, 매춘부, 잡년, 보지년 같은 단어들이 떠올랐겠지.

그렇다면 남성을 부를 수 있는 최악의 호칭은 뭘까? 호모, 계집애, 암캐, 쌍년. 나는 〈맨자이너〉*라는 비속어도 들어 봤다.

자, 알아차렸는가? 여자에게 할 수 있는 최악의 욕은 여자라고 부르는 거다. 남자에게 할 수 있는 최악의 욕도 여자라고 부르는 거고. 여자로 취급하는 것이 궁극의 모욕이다. 정말 심하게 잘못되지 않았는가?

제시카 발렌티,『전라의 페미니즘』

비라고 *virago*

1. 폭력적이고 바가지를 긁는 잔소리꾼 여자. 예문: 그 남자의 마누라는 비라고라서 가둬 둬야 해.

* *man*과 〈질〉을 뜻하는 *vagina*의 합성어.

2. [고어] 남성적 힘과 정신을 지닌 여성. 여성 전사.

옥스퍼드 온라인 사전

인터넷은 나를 바보로 만들 수 있는 만큼 내게 힘을 실어 줄 수도 있다. 나는 이게 선택의 문제임을 깨달았다. 케이크를 먹지 않고 놔두느냐, 먹어 버리느냐와 같은 이분법의 문제가 아니라는 것도. 나는 트위터 타임라인을 복습하며 SNS가 인생의 낭비라는 퍼거슨의 명언을 다시금 확인할 수 있고, 웹 드라마 「더 트루즈 The Trews」를 시청할 수 있고, BBC와 CNN 사이트에 접속해 기사를 읽을 수 있고, 친구들이 페이스북에 공유한 링크가 있는지 볼 수 있고, 토끼가 라즈베리를 먹는 동영상을 보며 마음을 가라앉힐 수 있다. 이 모든 일을 모닝커피를 마시면서 할 수 있다니, 그야말로 경이롭다.

이윽고 나는 생각한다. 그래서 인터넷을 어떻게 쓸 것인가? 내 전문 분야는 무엇이며, 내가 관심을 갖는 분야에서 어떤 행동으로 세상을 도울 수 있는가?

컴퓨터 앞에 앉아 팝 스타 마일리 사이러스가 어린 여자아이들에게 귀감인지 나쁜 본보기인지, 혹은 음모를 제모하는 게 정치적 선택인지 개인적 선택인지 논하자는 얘기가 아니다. 나는 매일 아침 일어나 발가락 털을 면도하지 않아도 되며, 원하면 면도를 할 수도 있다는 것이 무척 행운이라고 느낀다. 만세! 페미니즘에 진솔한 감사를 보낸다. 그러나 슬프게도 아직 너무 많은 소녀들이 목소리 내기를 두려워하며, 침묵을 강요당한다. 여성들은 아직도 상사와 자주지 않아서 해고당할 수 있고, 아직도 남성들보다 낮은 임금을 받고, 직장에는 성차별이 엄연히 존재하고,

나이가 찼는데 아이를 낳으려 하지 않는 여성들은 폄하된다. 성노동자들은 범죄자 취급을 받아 모든 권리를 박탈당하며, 미디어에서는 여성의 몸에 수치심을 결부시킨다. 여성들은 창녀 같은 옷차림으로 남자를 자극했기 때문에 강간당한 거라는 말을 듣고선 죄책감에 사로잡혀 집으로 돌아가고, 자기 집에서 구타당한다. 이를 바꾸기 위해 내가 뭘 할 수 있을까?

나는 다 같이 시끄러운 소음을 내고 행동에 나서는 게 우리 모두의 의무라고 느낀다. 어디 한번 싸워 보자는 태도로 화를 내고, 파문을 일으키고, 나대야 한다. 얼마간 진보가 이루어진 건 사실이지만, 언제까지나 2보 전진 1보 후퇴를 반복할 수는 없지 않은가. 내 생각에 우리 세대는 전선에서 한 발짝 물러서 있다. 어찌 보면 그럴 수 있다는 것 자체가 대단한 의미를 지니고 있긴 하지만, 자칫하면 그 여유를 잃게 생겼다!

당신만의 여성 모임을 열어 보라. 포스터와 깃발을 만들고, 친구로 사귀고 싶은 멋진 여성이나 페미니스트 남성을 초대하라. 누구도 배제되지 않도록 회원을 받고, 널리 친구를 사귀고, 안전한 환경을 조성하고, 서로에게 약점을 드러내라. 이메일을 교환하며 무엇을 하고 있는지, 무엇을 하고 싶은지, 어떤 도움이 필요한지 논하라. 당신이 열정적으로 말하고 싶은 것, 부당함과 편견과 당신이 바꾸고 싶은 것들을 이야기하라. 무엇이 바뀌어야 하는지 알려면 정보 공유가 필요하다. 서로에게 알려 주자. 그리고 부디, 간청하건대, 정치적 의견을 가지라.

케이트 내시

착한 여자는 이제 안녕

———

피비 해밀턴존스

우리의 많은 부분이 유년 시절에 만난 여성들에 의해 빚어진다. 내가 사랑하는 버지니아 울프의 말이 있다. 〈여자라면 우리는 어머니를 통해 과거를 생각한다.〉내 유년의 페미니즘은 성장기에 나를 둘러싸고 있었던 예민하고 야심 차고 창조적이고 대담한 여성들에 뿌리를 둔 것이라 믿는다. 자기 아파트를 청록과 샛노란 페인트로 칠한 여성들, 내게 당당하게 칭찬받으라고 일러 준 여성들, 디너파티에서 월경에 대해(남사스러워라!) 이야기한 여성들, 일과 자녀가 동등하며 똑같이 기쁘고 중요한 것이라고 생각한 여성들, 예술가로서 혹은 사업가로서 고공으로 짜릿하게 치솟는 커리어를 구축한 여성들. 나는 그때나 지금이나 소심하지만, 이렇듯 떳떳이 자기 의견을 피력하는 열정적인 여성들을 지켜보면서 용기를 얻었다. 내가 페미니즘에 매료된 까닭은 페미니즘이 남들에게 충격을 줄 수 있다는 점 때문이었다. 그것이 내겐 씁쓸한 농담처럼 여겨졌다. 사람들의 기대에 부응해야 한다니, 얼마나 우울한 일인가!

열반은 금세 끝나 버렸다. 우리는 일상 속에서 노골적인 성차별을 맞닥뜨리기 시작했다 — 길거리에서 희롱을 당했고(교복을 입고 있을 때는 더 자주), 레스토랑에서는 계산서를 당연한 듯 아버지에게 건넸다. 여성들을 과도하게 대상화하는 뮤직비디오와 야한 사진을 싣는 〈페이지 3〉의 존재에 익숙해졌고, 잡지의 표지 모델로 흑인 여성은 거의 등장하지 않는다는 점과 코미디 패널은 남성이 지배적이라는 사실을 깨달았다. 이런 성차별의 조각들이 모여서 점차 숨통을 조이기 시작했다. 성 평등이 이미 이루어졌으며 우리가 전투에서 이겼다고 결론짓고는 안타깝게도 현실에 안주했던 많은 사람들 탓에 상황은 더 악화되었다.

열여섯 살에 우리는 또래 집단 안팎에서 일어나는 신체적 학대와 온라인에서 벌어지는 남자아이들의 성추행 사례들을 여럿 접했다. 그때 무척 충격을 받았던 기억이 난다. 가혹하고 망측한 포르노와 폭력적 관계 사이의 연결 고리는 의심할 여지 없이 분명했다. 그것을 계기로 많은 또래 아이들이 처음으로 페미니즘에 관심을 갖거나, 혹은 확신을 갖게 되었다.

그래서 열여섯 살의 어느 오후 열띤 토론을 벌인 뒤 나는 친구 클라라 베너선과 둘이서 페미니스트 클럽을 결성하기로 했다. 학교 측 반응은 감동적이었다 — 교직원들과 학생들 모두가 우리 클럽의 결성을 축하하며 기사나 관련 블로그, 아이디어를 보내 주었다. 이런 문제에 대해 토론할 포럼과 적극적으로 활동할 공간이 탄생할 적기였던 셈이다.

우리 페미니스트 클럽은 지금도 매주 모여서 적극적인 우대, 언어에 녹아 있는 성차별, 페미니즘에서 남성의 역할, 교차성, 예술 속 남성의 시선, 낙태, 일터와 음악계와 스포츠계와 코미디계의 여성 등 페미니즘의 주요 이슈들을 탐구하고, 가능한 범위 내에서 실행 가능한 해법을 제시하고자 노력하고 있다. 노동일의 구조를 뒤집어엎어서 보육 친화적인 환경을 만드는 방법에서부터 길거리에서 당하는 희롱을 똑똑하게 묵살하는 방법까지. 잠이 쏟아지는 월요일 점심시간 교실에 모인 10대들이 여성의 삶을 개선시킬 방안들을 생각해 낼 수 있다면 하원 의원, 회사 관리자, 장교들도 분명 사회 내 자신들의 영역에서 가부장적 구조를 조정하고 성 평등을 확대시킬 수 있을 것이다. 부족한 건 의지와 성차별에 대한 문제의식, 그리고 꾸준히 밀어붙이면 더 큰 변화가 가능하다는 믿음이다. 우리 페미니스트 클럽에서는 캠페인을 벌이고 기사를 썼으며, 청년들에게 강요되는 성적 압박과 관련한 의식 개선을 위해 자선 단체 〈영 마인즈Young Minds〉 소속으로 의회를 방문했고, 줄리엣 스티븐슨, 제시카 쿼시, 나오미 앨더만, 메그 로소프를 토론자로 초대하여 대규모 세대 간 포럼을 주최했다.

우리 학교는 여학교라서 일흔 명에 이르는 우리 클럽의 회원 역시 전부 여자다. 나는 남성도 페미니즘에 동참해야 한다고 강력하게 주장하지만, 동시에 여성 전용 공간과 운동 집단의 중요성도 믿는다(이는 남성만 받아 주는 폐쇄적 집단, 즉 엘리트 골프 클럽이나 술 모임이기 일쑤인 남성 전용 집단과 다른데, 여성들은 여전히 불리한 위치에 놓여 있기 때문이다). 여성 전용 공간은 실용적인 데다가 애써 발언한 여성들의 목소리

246

가 남성들의 저음에 묻히지 않는 환경을 제공한다. 여성들끼리도 충분히 일을 해낼 수 있다! 나는 여성들의 네트워크를 구축하고 안전한 출항지를 만드는 일의 효과를 믿는다.

나는 그린햄 커먼*을, 나아가 신화 속 아마존을 기억한다. 우리가 다수라는 사실을 깨달으면 소속감을 느끼고, 거기서 힘을 얻을 수 있다. 내가 오랜 역사에 속하며 오늘날 세상 도처에 광범위하게 존재하는 여성 집단들과 함께하고 있음을 느끼는 것, 기분 좋은 감각이다. 버지니아 울프가 〈공통된 여성들의 피난처〉라고 부른 곳에 둥지를 틀고 있다는 느낌이 얼마나 좋은지.

나는 종종 햄스테드 히스를 찾아 여성들만 수영할 수 있는 연못에 몸을 담그고, 그곳에서 나지막이 울리는 여성들의 목소리에 요람처럼 감싸여 자의식을 내던진다. 우리는 서로를 모르지만 한 뙈기 잔디밭을 공유하고 같은 태양에 몸을 덥힌다. 그렇게 언젠가는 황혼녘 머리에 알록달록한 수건을 터번처럼 감고 상의는 탈의한 채 나무에 기대 신문을 읽을 나이 든 여인에게 미

* 영국 런던 부근 그린햄 커먼 지역의 미군 기지 설립 계획을 시민들이 비폭력 평화 투쟁으로 무산시킨 일을 말한다.

소를 보낸다.

우리 클럽의 마지막 전교 집회에서 나는 우리 고조할머니 이야기를 꺼냈다. 할머니는 스페인 사람으로, 결혼을 하러 영국으로 갔다. 제1차 세계 대전에서 큰아들을 잃은 뒤 그녀는 정신을 놓았다. 그리고 남편의 손에 정신 병원으로 보내졌다. 아이를 잃은 어머니는 조용히 애도하길 거부했다는 이유만으로 감금된 채 여생을 보냈다. 불안정하고 고통에 빠진 사람이 어머니가 아니라 아버지였다면, 그가 그녀만큼 자기 운명의 통제권을 쥐지 못했을까? 그가 그녀만큼 사회에서 쉽게 무시당했을까?

나는 여성으로서 우리가 갖는 힘의 핵심이 여성들의 우정과 목소리와 지원이라고 믿는다. 국제적인 자매들의 연대에는 강한 힘이 있다. 지역적 수준에서 살펴보면, 런던 각지의 학교에 페미니스트 클럽이 만들어지고 있다. 클라라와 나는 우리 페미니스트 클럽을 11학년 여학생 둘에게 넘기면서 그들이 앞으로 이 클럽을 혁신시키고 발전시키리라 확신할 수 있었다.

우리의 클럽이 아주 사소한 방식으로나마 하급생들의 세계관을 바꿔 놓았기를, 최소한 오늘날 우리 삶에

스며들어 있는 미묘하지만 해로운 성차별에 질문을 던
질 용기를 불어넣었기를 희망한다.

———

내가 관찰한 바에 의하면, 남성 작가들은 무엇을 생각하는지 질문받고 여성 작가들은 무엇을 느끼는지 질문받는다. 내가 경험한 바에 의하면, 나를 비롯한 다른 많은 여성 작가들은 인터뷰에서 대개 우리가 지금 이 자리에 오기까지 얼마나 큰 행운이 따랐는지에 대해 질문받는다. 행운과, 정체성, 아이디어가 어떻게 떠오르는지에 대한 질문들. 여성을 진지한 사상가로, 철학자로, 평생을 몰두할 생각거리를 가진 사람으로 대하는 인터뷰는 훨씬 드물다.

엘리너 캐턴

……작가의 경우, 여성이라는 건 순전히 스스로에게 휘두를 회초리를 건네주는 것과 같다. (……) 당신이 젊은 여성이라면 그들은 즐겁게 눈을 찡긋거리며 관심을 보낼 것이다. 당신이 나이 든 여성이라면 그들은 존경을 담아 허리를 굽힐 것이다. 그러나 젊음의 첫 번째 꽃송이를 잃은 뒤 존경받을 만한 연륜을 얻기 전까지 감히 한 마디라도 하려 든다면, 그치들은 당신의 꽁무니를 쫓

아다니며 괴롭힐 것이다!

시몬 드 보부아르, 『상황의 힘 *Force of Circumstance*』

실제로 나는 너무나 많은 시를 노래하는 대신 그저 종이에 적어 내린 〈익명〉의 상당수가 여성이었으리라고 감히 추측하겠다.

버지니아 울프, 『자기만의 방 *A Room of One's Own*』

말이 뭐라고

———

마사 모스

나는 운 좋게도 일상의 매 순간 페미니즘 원칙이 살아 숨 쉬는 가정*에서 성장했기 때문에 대학생이 되고서야 스스로를 페미니스트로 정체화했는지도 모르겠다. 대학에서 예술을 공부하면서 나는 젠더, 섹슈얼리티, 종교, 출생국 혹은 거주국, 정치적 성향 등등에 따라 라벨이 붙는 것이 긍정적인지 부정적인지 탐구하기 시작했다. 나는 퍼포먼스 예술로 자기표현을 해보겠다고 작정하고, 홀로 또는 다른 여성들과 함께 스판덱스를 착용하고서 그로테스크하게 비틀린 여성 신체를 중

---

* 우리 어머니 케이트 모스는 베스트셀러 작가이자 국적, 거주국, 장르, 인종과 무관하게 전 세계 여성 작가의 작품에 수여하는 영국 유일의 여성 문학상인 베일리스 여성 픽션상(과거의 오렌지상)의 공동 창립자다. 아버지는 결혼하면서 어머니의 성을 따랐고, 어머니가 커리어에 집중할 수 있도록 파트타임으로 일했다. 두 분은 오빠 펠릭스와 나를 함께 양육했다 — 원주.

심으로 한 퍼포먼스를 선보였다. 그로써 〈걸레〉, 〈노처녀〉, 〈어머니〉, 〈완벽〉이라는 라벨을 분석하고 싶었다.

2시간짜리 퍼포먼스 내내 나는 스판덱스 감옥 속에서 춤을 추면서 라벨의 제약에서 탈출하려는 비인간적인 형태를 표현했다. 내 퍼포먼스는 엇갈린 반응을 얻었는데, 그중에서도 유독 잊히지 않는 대화가 하나 있다. 노팅 힐 갤러리 전속으로 일하던 시기의 일이다. 퍼포먼스를 관람한 한 관객이 내 작품의 의도가 사회적 압박에 대한 솔직한 시선이라고 해석하고선 칭찬을 했다. 그러나 이 퍼포먼스가 페미니즘 작품이라는 나의 언급을 듣자 그는 지극히 적대적으로 돌변했다. 호전적인 태도로, 여성이 실제로 원하는 건 부유한 남성과 결혼해서 다시는 일하지 않고 그의 부를 갉아먹으며 사는 것이라며 나를 설득하려 든 것이다. 경악스러운 전환이었다 — 〈페미니스트〉라는 단어 하나가 우리 사이를 가르는 울타리였던 셈이다.

시간을 빨리 돌려 2013년 12월로 가보자. 나는 코번트 가든의 그랜드 코노트 호텔에 세워진 무대 뒤에서 제1회 〈TED×코번트 가든 여성 행사〉의 개막을 기다리며 조바심을 치고 있었다. 그날 강연을 하기로 된 사람 중에는 (이제는 배우 에마 왓슨이 이끄는) 〈HeFor She 캠페인〉의 창시자 제라르도 포트니와 할례 반대 운동가 레일라 후세인, 〈일상 속의 성차별 프로젝트〉의 창시자이자 이 책에도 글을 보탠 로라 베이츠가 있었다. 그날 나는 집을 떠난 이래 처음으로 스스로를 페미니스트라 부르는 수많은 관중 앞에 서게 되었다.

그로부터 2년이 지난 지금, 내게 세상은 전혀 다른 장소로 보인다. 페미니즘은 더 이상 틈새에서만 논의되는 주제가 아니다. 신문과 잡지와 인터넷에서, 그리고 친구들끼리 페미니즘 얘기를 하는 시대다. 대중은 미디어의 여성 혐오에 맞서는 운동에 줄지어 참여한다. (영양 보충제 회사 프로틴 월드에서 내건 〈해변에 갈 몸매는 준비되었습니까?〉 광고가 큰 반발에 부딪쳐 전면 철회되었던 일을 기억하는지?) 〈일상 속의 성차별 프로젝트〉 같은 해시태그 운동을 발단으로 전 세계 다양한 배경의 여성들에게 발언권이 주어졌다. 열네 살 먹은 내 사촌 동생은 여성의 신체를 상품 취급하는 미디어 규탄 집회에 참여한다. 슈퍼 모델(소녀들을 위한 코딩 교육을 주장하는 칼리 클로스), 가수(〈페미니스트〉라고 적힌 무대로 악명 높은 비욘세), 배우(〈HeFor

She 캠페인〉을 이끄는 에마 왓슨) 같은 셀러브리티들이 어린 소녀들에게 삶에서 더 많은 것을 기대하라고, 쟁취하고 싶은 것에 덤벼들라고, 여성이라는 이유로 남들이 혹은 스스로가 길을 막게 내버려 두지 말라고 격려한다.

이 모든 변화에도 불구하고 〈페미니즘〉이라는 용어에는 여전히 낙인이 찍혀 있는 듯하다. 〈페미니즘〉이 격려하기보다 오히려 제약을 가하는가? 변화를 가속화하는 대신 방해하는가? 내 모든 남성 친구들이 — 결코 페미니스트로 정체화하지는 않을지라도 — 페미니즘의 원칙에 따라 살고 있는 현대 사회에서 대체 이 〈단어〉의 무엇이 사람들을 그렇게나 화나게 만드는 것일까? 페미니즘이라는 개념이나 그 개념이 대변하는 바에 대해, 또는 그 단어의 의미나 진화 과정에 대해 얘기하려는 게 아니다. 단순히 단어만 놓고 보자. 지난 몇 세대 동안 페미니스트라는 라벨은 기회의 평등과 공평의 우산 아래 모든 견해를 공정하게 대변하고자 노력했다. 그러나 점점 더 많은 사람들이 페미니즘의 가치와 페미니즘이 우리에게 부여하는 힘을 받아들이고 있는 지금, 이 라벨의 유통 기한이 지나 버린 것일까?

어떤 사람들은 이 단어의 포괄적인 의미에 짜증을 낸다 — 너무 많은 견해들과 정체성을 한꺼번에 아우르려는 시도가 성가시다는 것이다. 여성 참정권론자들이 투표권을 위해 싸운 20세기 초 이후 세상의 일각이 크게 변한 것은 사실이다. 남녀에 대한 사회적 기대가 직업, 독립, 자유, 태도 등 여러 면에서 달라졌다. 페미니즘이 이런 변화들에 발맞추지 못했던가? 지난 50년 동안 여러 차례의 페미니즘 운동이 있었다. 각각의 운동에서 주장한 핵심 가치는 매번 달랐으나 전부 페미니즘인 것만은 같았다. 앤드리아 드워킨은 글로리아 스타이넘과 다르고, 앤절라 데이비스는 나왈 엘 사다위와 다르지만 그들은 모두 페미니스트다.

페미니즘 운동과 예술을 통해 이런 문제들을 탐구하면서, 나는 스스로를 페미니스트로 규정하는 것이 예전만큼이나 지금도 중요하다는 결론에 다다랐다. 단순한 사실을 말하자면, 일부 여성들의 상황이 얼마나 개선되었든 세상은 아직도 남녀에게 동등한 기회를 제공하지 않는다. 성인 여성들과 소녀들은 여전히 대상화되고, 위협받고, 거리에서 희롱당한다. 여성의 신체는 여전히 자동차와 음식, 컴퓨터까지 온갖 것을 광고하는 데 사용된다. 많은 국가의 정치, 미디어, 스포츠 분야에서 여성들은 여전히 실제 그들이 차지하는 비중보다 덜 중요하게 묘사된다. 영국에서 여성들은 동일한 가치의 노동을 하는 남성 동료들에 비해 78퍼센트의 임금밖에 받지 못한다. 세상의 어떤 곳에서는 여성이 운전을 하거나 투표를 하는 게 불법이다. 성인 여성과 소녀들은 강압적으로 섹스를 하거나 미성년인 채 결혼해야 하고, 읽는 법을 배우거나 학교에 가도록 허가받지 못하고, 여성 할례를 당하고, 성폭력이나 강간에 대한 끊임없는 두려움 속에서 산다.

내가 스스로를 페미니스트라 부르는 까닭은 선배 페미니스트들이 지금껏 이뤄 낸 성취가 자랑스럽기 때문이다. 세계 각지에서 다음 세대를 위해 운동을 벌이고 싸운 과거의 여성들이 자랑스럽다. 내가 스스로를 페미니스트라 부르는 까닭은 여성들이 남성과 동등한 대우를 받을 자격이 있다고 믿기 때문이다. 내가 스스로를 페미니스트라 부르는 까닭은 친구들이 강간에 대한 농담을 하거나 그런 농담을 듣고 웃기 전에 두 번 생각하게 만들기 위해서다. 내가 스스로를 페미니스트라 부르는 까닭은 이 단어가 내게 힘과 용기와 충직함과 결의를 상징하기 때문이다.

페미니즘이란 사회의 제약으로부터 해방되는 것이다. 원하는 대로 존재하고, 무엇이든 성취할 수 있다고 느끼는 것이다. 페미니즘은 여성이 —— 또한 남성이 —— 원하는 삶을 살 수 있도록, 젠더나 인종이나 계급으로 인한 제약에서 벗어나 자신의 능력과 에너지에 걸맞은 방식으로 사회에 기여할 수 있도록 하는 것이다.

페미니즘은 공정성이다.

그렇다면, 어쩌면 세상이 정말로 평등해진다면, 라벨 같은 건 전혀 필요 없어질 것이다.

진실은 당신을 자유롭게 하겠지만, 그 전에 당신을 짜증 나게 할 것이다.

글로리아 스타이넘

평등은 개념이 아니다. 그건 우리가 갈구해야 할 대상이 아니라 필수품이다. 중력과 마찬가지로 평등은 우리가 남자와 여자로서 이 땅에 발 디디고 서기 위해 필요한 것이고, 모든 문화에 존재하는 여성 혐오는 인간적 생활의 진실한 부분이 아니다. 불평등은 인생의 균형을 흐트러뜨리며, 불균형하게 살아가는 모든 남녀의 영혼에서 무언가를 빨아들인다. 우리에겐 평등이 필요하다. 아마도 지금 당장.

조스 웨던

나는 스스로를 페미니스트라 부른다. 여성의 권리를 위해 싸우는 사람을 그렇게 부르지 않던가?

달라이 라마

나는 왜 스스로를
페미니스트라 부르는가

———

멜템 아브질

많은 쿠르드인들이 내전의 탄압을 피하고자 중동을 떠났다. 우리 가족도 예외는 아니었다. 우리는 터키에서 영국으로 도망쳐 망명을 신청했다. 영국을 비롯해 많은 정부들이 이라크, 이란, 시리아, 터키에서 쿠르드족과 관련한 분쟁이 벌어지고 있다는 걸 알지만 쿠르드족 행세를 하는 가짜 망명자들이 수천에 달해서 우리를 쉽게 믿어 주지 않는다. 여러 증거를 제출했음에도 불구하고 우리는 얄스 우드 이민자 추방 센터에서 석 달을 보냈고, 중동으로 송환될지 여부가 결정되는 동안만도 여섯 해를 기다려야만 했다. 그러나 운 좋게도 결국 나는 머무를 기회를 얻어 두 종류의 다른 사회를 체험할 수 있었다.

중동. 과학과 수학과 다른 많은 것들의 땅. 그곳이

우리 쿠르드인의 고향이다. 우리 어머니들의 손은 수천 개의 다른 이야기를 들려준다. 그들의 굽은 등은 수년에 걸친 노동에 삶이 예의를 표하는 방식이고, 그들의 눈은 입에서 나오는 단어만큼이나 너그럽고 친절하다. 그들에게선 신선한 흙과 사랑의 내음이 난다. 그들은 아이를 등에 묶고 새벽부터 황혼녘까지 일한다. 그들은 물동이를 이고 오가며 하루를 살아 낸다. 그럼에도, 이 모든 것에 대한 보수는 받지 못한다. 그들이 받는 보수가 있다면, 집에 돌아와 자꾸만 더 많은 것을 요구하는 남편뿐이다. 아내가 아이를 낳고, 그 아이를 키우고, 땅을 일구고, 농장 일을 하고, 물을 나르고, 가축에게 먹이를 주고, 요리를 하고, 자신을 먹이길 바라는 남편. 이따금 이 여성이 봉급을 받는 경우도 있다. 남편이 하루치 좌절감을 해소하기 위해, 대개는 허리띠로 그녀를 때릴 때다. 남편의 자존심은 그 남자 자체만큼이나 쓸모없다. 그리고 그 남자의 팔자 사나운 딸들이 있다. 딸들은 가족의 명예를 실추시켜서는 안 된다고 교육받는다.

이때 〈가족〉은 남편이자 아버지인 그 남자만을 뜻하는데 그가 가족 내에서 유일하게 중요한 인물이기 때문이다. 딸들이 받는 교육이란 앉고 일어서고 걷고 말하고 청소하고 요리하고 땅을 일구고 농장 일을 하고 물을 나르고 차를 끓이고 결혼하는 방법이 전부다. 여기서 벗어나면 딸들도 매질을 당하고 버림받는다. 설상가상으로 남자에게 아들마저 있다면 딸들에겐 정말로 신의 자비가 필요할 테다. 가족의 왕자, 유일무이한 존재, 두 번째 기둥인 아들. 그는 공부를 하고 혼전 섹스를 하고 술을 마시고 운전을 하고 여자 친구를 사귀고 해외에 나가고 일을 할 수 있다. 단지 남성이라는 이유로. 이 사회에서 소녀들은 구리 취급을 받고 소년들은 황금으로 대접받는다. 이 땅에서 귀를 기울이면 산맥에서 메아리치는 어머니들의 조용한 울부짖음을 들을 수 있다. 힘의 창조자임에도 이들은 힘을 모조리 빼앗겼다.

모든 가정은 아니지만 대다수의 가정이 이 꼴이다. 쿠르드인 여성 전사들에 대해 들어 봤으리라. 손에 총을 들고 등에는 아기를 들쳐 업은 여전사들. 그들은 자녀와 남편과 친구와 땅을 보호하겠다고 맹세했다. 이 여성들에겐 총구를 떠나는 총알 하나하나가 승리를 뜻한다. 그들의 밤은 낮이고 그들의 낮은 밤이다. 그들은 마음속 깊이부터 떳떳하다. 남성들에게서 보호받기를 거부하고 두 발로 꼿꼿이 서며, 승자가 있다면 여성과 남성 둘 다라고 믿는다. 그들은 폭음과 총성을 자명종 삼아 일어난다. 그러니 동등한 임금 따위에 대해선 추호도 신경 쓰지 않는다. 그들에겐 군인이 유일한 직업이므로. IS는 여성의 총에 맞으면 지옥으로 직행이라고 믿으니, 썩 지옥으로 꺼져 마땅하다. 그러나 이는 세상의 일각일 뿐이다. 나는 쿠르드 사회와 영국 사회, 두 개의 사회에서 산다.

나는 영국 사회에서 여성의 사회적·경제적·정치적 권리에 대한 믿음을 익혔고, 그래서 페미니스트가 되었다. 여성들은 창조자이므로 세계의 모든 곳에서 존중받아야 한다. 성적 대상이나 연약하고 무력한 존재가 아니라 강력한 창조자로 대우받아야 한다. 영국 사회가 내게 이 사실을, 그리고 여성과 남성이 힘을 모아 현실적 변화를 위해 노력한다면 진보할 방법이 있다고 알려 주었다.

그러나 한편으로 이곳 영국에서, 나는 소녀들에게 그들이 있는 그대로 충분하지 않다고 끊임없이 세뇌시키는 상업적 미디어를 처음 접했다. 미디어에서는 허구한 날 소녀들에게 살을 빼고, 여자들끼리 경쟁해서 점점 더 예뻐져야 한다고 말한다. 두뇌가 아니라 몸을, 펜이 아니라 립라이너를 사용하라고 말한다. 옷차림도 정해 주었다. 푸시업 브라, 하이웨이스트 청바지, 크롭 탑을 비롯한 백만 가지 아이템들. 물론 이건 선택 사항이다 ― 그러나 대부분의 어린 소녀들은 아직 선택이 뭔지 모른다. 소년들이 처한 상황도 다르지 않다. 소년들은 뮤직비디오와 옥외 광고판과 영화와 광고에서 이성의 존재 이유가 오로지 자신을 섬기기 위한 것이라고 무의식중에 배운다. 그리고 그런 믿음을 품은 채 성인이 된다. 소년들도 무엇을 입고, 어떤 체육관에 다니고, 어떤 스테로이드제를 복용하고, 어떤 헤어스타일을 택하고, 어떤 말씨를 쓰고, 어떤 생각을 할지 교육받는다. 그래서 여성과 남성이 계속해서 미디어에 복종하는 악순환이 일어난다. 유심히 살펴보면 너무나 많은 사람들이 서로 같아지는 동시에 달라지려고 애쓰고 있다는 게 눈에 들어올 것이다.

이 에세이에서 나는 두 개의 다른 세상을 이야기하며 내게 평등의 의미가 무엇인지 정의하고 싶다. 평등은 단순히 말해 여성이 남성으로부터 자유로워지는 것이다. 남성이 좋아하는 옷차림, 좋아하는 말, 좋아하는 음식, 그들이 원하는 섹시함, 그들이 사랑받길 원하는 방식에서 자유로워지는 것. 종국에는 우리가 사는 세상이 남성들의 세상이라는 생각에서도 자유로워지는 것. 메이크업, 모발 연장, 몸에 붙는 드레스나 하이힐은 자취를 감출 것이다. 여성들은 스스로를, 타고난 모습 그대로 수수하고 아름다운 스스로를 사랑하는 법을 먼저 배울 것이다. 어쩌면 뛰어난 발명가 가운데 여성이 드문 건 여성들이 힘과 아이디어를 전부 남성에게 퍼주었기 때문인지도 모른다. 여성은 남성보다 기대 수명이 기니까, 기본적으로 우리에겐 재능을 찾아 계발시킬 시간이 더 많다고 할 수도 있지 않은가! 여성들이여, 우리는 모두 창조자들이다. 당신이 누구든 어떤 상황에 처해 있든, 당신에겐 〈아니〉라고 말하고 스스로가 원하는 변화를 위해 일어설 힘이 있다. 당신의 가치는 저 산들보다 높으니, 남성들이 당신과 대등해지고자 노력하도록 만들자. 남자에게서 이 일은 당신이 해낼 수 없으리라는 말을 들으면, 그 일을 반드시 해내자. 당신은 훌륭한 남자 뒤에 선 여자가 아니라 창조자다. 훌륭한 사람은 바로 당신이다. 이제 최전방으로 걸어

나갈 시간이다. 영국 사회는 여성의 교육이 남성의 교육만큼 중요하고, 우리가 평등해질 방법이 있다는 것을 내게 가르쳤다. 유명한 격언이 있다. 〈남자를 교육시키는 것은 남자를 교육시키는 것이다. 여자를 교육시키는 것은 한 세대를 교육시키는 것이다.〉 이 모든 말들이 내가 스스로 페미니스트라 부르는 이유다.

여성의 날씬함에 대한 문화적 집착은 여성의 아름다움이 아닌
복종에 대한 강박이다. 다이어트는 여성의 역사를 통틀어 가장
강력한 정치적 진정제다. 조용히 미쳐 가는 인구는 다루기 쉽다.

나오미 울프, 『무엇이 아름다움을 강요하는가 *The Beauty Myth*』

　　예쁘지 않아도 된다. 누구에게 예쁨을 〈빚진〉 건 아니니까. 남
자 친구/배우자/파트너에게, 동료에게, 특히 길거리의 불특정 남
성에게 당신은 예쁨을 빚지지 않았다. 어머니에게도, 자녀에게
도, 보편적인 문명에도 마찬가지다. 예쁨은 〈여성〉이라고 표시된
공간을 점유하기 위해 지불해야 하는 사용료가 아니다.

에린 매킨

　　「하지만 네가 참으로 점잖은 신사인 양 굴면서 여자들은 전부
이성적 동물이 아닌 우아한 숙녀들인 것처럼 말하는 건 참 듣기
싫구나. 우리 중 누구도 매일 순항만을 기대하지는 않아.」

제인 오스틴, 『설득 *Persuasion*』

여성들은 세계적으로 노동의 3분의 2를 담당하고 있으나 총소득 가운데 여성의 몫은 10퍼센트뿐이며, 여성이 소유한 재산은 전체의 1퍼센트뿐입니다. (……) 그러니 우리가 동등하다 할 수 있겠어요? 여기에 그렇다고 답할 수 있을 때까지 이 질문을 절대 그만둬선 안 됩니다.

데임* 주디 덴치, equals.org 동영상 내레이션

---

* *Dame.* 영국에서 기사에 상당하는 작위를 받은 여성에게 붙이는 존칭으로 남자의 *Sir*에 해당한다.

남성이 페미니즘을 위해
할 수 있는 일

———

레니 에도로지

근래 우리가 페미니스트 남성에 매혹된 계기는 라이언 고슬링이었을지도 모르겠다. 5년 전 그는 자신이 출연한 영화 「블루 발렌타인Blue Valentine」을 17세 미만 관람 불가인 X 등급으로 판정한 미국 영화 협회를 규탄하는 발언을 했다. X 등급은 「아이즈 와이드 셧Eyes Wide Shut」 같은 에로틱 스릴러나 「쏘우Saw」 같은 소름 끼치는 호러 영화에게나 매겨지는 등급으로서 젊은 노동 계급 부부가 불행한 결혼 생활을 바로잡고자 시도하는 내용의 「블루 발렌타인」을 X 등급으로 판정한 건 지나치게 몸을 사린 처사였다. 미국 영화 협회는 「블루 발렌타인」의 등급 판정에 대해, 고슬링의 배역이 여주인공에게 오럴 섹스를 해주는 장면 때문이라고 해명했다. 그러나 여성이 뮤턴트와 도마뱀 인간에게 강간당하는 장면이 나오는 영화의 연령 등급은 상대적으로 느슨하게 매겨졌다. 불만을 느낀 「블루 발렌타인」 제작진은 등급 판정에 항의했고 라이언 고슬링은 이를 지지하는 성명을 냈다.

〈예술적 표현을 훈계하는 동시에 여성이 스크린에서 묘사되는 방식을 통제하려 드는, 우리 가부장제 사회의 산물이 분명한 결정을 지지하는 영화 문화에 이의를 제기해야 한다.〉 고슬링의 성명은 이렇게 이어진다. 〈미국 영화 협회는 여성이 성적 고문과 폭력을 당하는 시나리오는 오락의 목적으로 받아들이면서, 극중 여성이 적극적으로 참여하는 복잡한 성적 시나리오는 우리의 시선에서 치우려 한다. 여성의 성적 자기표현을 통제하려 드는 것은 그 자체로 여성 혐오적이다. 나는 이것이 비단 이 영화에만 국한되는 문제가 아니라고 생각한다.〉

할리우드 스타가 〈가부장제 사회〉라는 표현을 사용했다는 사실에 온 인터넷이 열광했다. 텀블러에서는 금세 〈페미니스트 라이언 고슬링〉이라는 악명 높은 패러디 〈짤방〉이 탄생했고, 이는 곧 웹 전역으로 퍼져 나가기 시작했다. 고슬링의 사진마다 온통 이런 글귀로

뒤덮였다. 〈거기 아가씨, 고가의 비환경 친화적 상품 구매로써 사랑을 증명하는 행위는 우리 관계의 아름답고 독창적인 요소를 전혀 드러내지 못합니다.〉

4년 뒤 서스캐처원 대학에서 진행한 연구 결과, 〈페미니스트 라이언 고슬링 짤방〉에 남성들로 하여금 페미니즘 정서에 공감하게 만드는 효과가 있음이 밝혀졌다. 피험자 남성들은 가령 〈일터는 여성에 대한 남성의 억압을 중심으로 조직되어 있다〉 같은 문장들에 동의하는 모습을 보였다. 페미니즘의 편에 서는 남성들의 수는 늘어나는 추세이고, 남성들이 이 운동의 어디에 속하는지 묻는 질문은 한때 속삭임이었으나 이제는 커다란 고함이 되었다. 많은 남성 유명인들이 페미니즘의 대의에 공감을 표했다 — 아지즈 안사리, 존 레전드, 대니얼 래드클리프, 패트릭 스튜어트, 물론 라이언 고슬링까지. 그러나 남성 인사들의 페미니스트 선언만으로는 충분하지 않다. 남성과 연애를 하는 여성들에게 있어서 페미니즘 정치는 보다 피부에 와닿는 문제이기 때문이다.

물론 스스로를 페미니스트라고 부르는 남성들이 있다. 그들은 페미니즘 콘퍼런스와 행사에 참석하며 패널 토론이 끝나면 제일 먼저 질문을 던진다. 때로 그들은 페미니즘 서클 내에서 자기 공간을 찾으며, 페미니즘 운동의 자리를 놓고 여성들과 경쟁하기도 한다. 그들은 남들이 자기 목소리를 들어 주길 절실히 원하고, 진지한 눈빛으로 묻기 바쁘다. 「남자들이 페미니즘을 지지하기 위해 뭘 할 수 있죠?」

남자들이 할 수 있는 첫 번째 일은, 여성들이 여전히 자기 결정권을 위해 싸워야 하는 사회에서 스스로가 큰 이득을 보고 있음을 인정하는 것이다. 이성애적 젠더 관계와 관련한 오래된 격언이 있다. 〈남녀 사이의 전쟁에는 승자가 없는데, 승패를 가르기엔 적과 너무 친하기 때문이다.〉 피식 웃음이 나오는 격언이지만, 여기서 진지한 질문 하나가 부상한다. 우리가 남과 나누는 일상적인 상호 작용의 너무나 많은 부분이 여성 혐오로 얼룩져 있음을 지나치게 의식하지 않으면서 충만한 관계를 일굴 수 있는 방법은 무엇일까? 우리 페미니스트들은 남성을 좋은 부류와 나쁜 부류로 범주화하는 것이 지나치게 단순한 접근임을 안다. 음흉한 성차별이 일상에 스며드는 원리는 그렇게 단순하지 않다. 이성애자 남성과 사귀는 여성에게 있어 상대가 페미니스트인지 가늠하는 가장 좋은 방법은 그가 자기 인생의 여성들과 맺고 있는 관계를 살펴보는 것이다.

페미니스트 남성으로 자처한다면, 여성이 자신의 성적 주체성과 무관하게 대상화당하기를 거부할 때 그 선택을 존중할 수 있는가? 자신이 페미니즘에 얼마나 헌신하고 있는지 내세우기 위해 여성의 공간을 빼앗고 있지는 않은가? 더 많은 사람들을 페미니스트로 만들기 위해 영향력을 발휘해 자신이 속한 사회적 영역을 바꾸려 노력하는가? 직장 내 양성 간 격차에 대해 불편한 질문을 던지고, 함께 어울리는 친구들의 성차별적 태도에 반기를 드는가? 이건 어렵고 사회적 지위를 위태롭게 만드는 행동이지만, 페미니스트 여성들은 그 반향을 잘 알면서도 매일 실천한다. 페미니스트 남성으로 자처한다면, 페미니스트 여성을 다만 경이롭게 바라보는 대신 여성으로 산다는 것의 복잡한 뉘앙스를 이해하고자 하는가? 어쨌든 우리 여성들이 항시 정치적 주장을 강력하게 밀어붙이는 용감무쌍한 존재만은 아니다. 페미니스트 남성은 우리가 약할 때 보살피고 우리가 강할 때 지지하는 이들이다. BBC 라디오 프로그램 〈여성의 시간Woman's Hour〉에서 진행한 가정 내 가

사 노동에 대한 연구에 따르면 여성들이 남성들보다 가사 노동을 두 배로 하고 있으며 젊은 부부들이 가장 많이 다투는 주제가 가사 노동이라고 한다. 어린 소녀들은 주부가 되는 것이 그들의 유일한 운명이 아니며 별을 향해 자유로이 손을 뻗어도 된다는 말을 듣지만, 소년들은 집안일을 부담하고 자기 몫을 해야 한다는 말을 듣지 않는다.

최근 나는 채식주의에서 완전 채식주의*로 전향했다. 고기를 식단에서 빼려고 생각 중인 친구에게 나는 완전 채식주의자가 되는 것이 정체성을 바꾸는 것이 아니라, 습관을 바꾸기 위해 스스로를 다시 훈련시키는 과정에 가깝다고 설명했다. 그런 뒤 이 대화를 곱씹어 보다가 문득 나 자신이 페미니즘에 대해서도 똑같은 태도로 접근하고 있음을 깨달았다. 우유를 두유로 교체하는 것과 엄밀히 같지는 않지만 좋은 습관을 들인다는 점만은 같지 않은가 — 페미니즘에 동의하되, 남성으로서 남들보다 조금 더 누릴 자격이 있다고 말하는 사회에서 자라난 남성 페미니스트들이라면 더욱 공감할

---

* 완전 채식주의*veganism*란 고기, 우유, 달걀 등 동물에게서 나온 모든 것을 먹지 않는 식생활을 가리킨다.

수 있을 것이다. 페미니즘의 성공은 남성들이 얼마나 적응하고 변화하느냐에 달려 있다. 이는 남성들이 여성의 말을 경청하고, 자기 인식을 심화하고, 자신이 누리고 있던 공간을 일부 포기한다는 뜻이다. 그러기 위해 남성들은 보육 노동의 중요성을 인식하여 직접 참여해야 하며, 젠더 격차를 직시하고 변화를 위해 자신이 무엇을 할 수 있는지 자문해야 한다. 페미니즘의 여정과 발맞추어 나아가려면 남성들은 우선 여성의 삶에서 보조역이 되는 것도 괜찮다는 사실을 받아들여야 한다.

모계 사회를 주장하는 건 아니지만 페미니스트 남성은 보육 노동을 임금 노동만큼이나 중요하게 여겨야 한다. 청소와 가사는 툭하면 폄하되지만 사실 다른 모든 노동을 가능하게 만드는 핵심적인 노동이다. 여성이 자신의 인생에서 남성 파트너에게 무조건적인 지지를 보내는 —필요하다면 남성의 커리어를 위해 거주지를 옮기고, 필요하다면 뒷자리로 밀려나는— 모델은 지속 불가능하다. 페미니스트 남성은 이런 무조건적인 지지가 상대적임을, 그녀의 필요가 자신의 필요만큼이나 중요함을, 그녀의 목소리가 자신의 목소리만큼이나 정당함을 자각해야 한다. 내가 만나고, 사귀고, 사랑하는 최고의 젠더 정치학을 지닌 남자들은 꼭 스스로를 페미니스트로 선언하진 않았으나, 말뿐이 아닌 행동으로 여성 해방에 헌신하고 있다.

———————

　지금이나 미래에나 가부장적 태도는 누구에게도 이득이 되지 않을 것이다. 특히 남성에게는.

에바 파이지스, 『가부장적 태도 *Patriarchal Attitudes*』

　무의식적인 편견은 여성을 다치게 하지만 남성 역시 다치게 한다. (……) 페미니스트로서 우리의 임무는 남성성과 여성성에 대한 우리 문화의 강박에 경종을 울리는 것이다.

시리 허스트베트, 『페미니즘의 50가지 그림자』

　페미니즘은 더 이상 외따로 떨어진 문제가 아니다. 페미니즘은 역사를 바꿀 것이다. 페미니즘은 세계적으로 인간성에 대한 생각을 교정한 다윈의 자연 선택론 이후 인간 의식에서 가장 근본적인 변화를 불러올 개념이다. 그 과정은 지각 변동처럼 길고 느릴 것이며, 지각 판처럼 덜컥거리고 진동할 것이다. 그러나 끝낼 수는 없다. 이대로 단념할 수도 없다. 어쨌든 우리는 인류의 절반이다.

조앤 베이크웰, 『페미니즘의 50가지 그림자』

〈가볍게 생각해〉라는 말을 듣는 건 너무 힘들다. 여기서 더 가벼워졌다가는 젠장, 날아가 버리고 말 테니까.

록산 게이, 『나쁜 페미니스트』

하지 않고서 후회하느니 하고서 후회해야지.

루실 볼

필진 소개

이저벨 아도마코 영 Isabel Adomakoh Young은 케임브리지 트리니티 칼리지 영문학부를 막 졸업했다. 유명 극단 컴플리시트Complicite가 무대에 올려 세계 순회공연을 벌이기도 한 베스트셀러 어린이 책『사자 소년Lionboy』의 저자이자 브레인차일드 페스티벌을 설립한 디렉터기도 한 그녀는 여장·남장 극단 펙스Pecs, 런던 예술 공동체 샷건 캐러셀Shotgun Carousel과 사이키팝 밴드 코린티안스Corinthians와 함께 공연하는, 열정적인 페미니스트이자 연기자이자 저널리스트이다.

에이미 애닛 Amy Annette은 작가이자 공연자이자 제작자다. 2015년에 타니아 해리슨과 래티튜드 페스티벌에서 일했으며 2016년에는「왓 위민 원트What Women Want」라는 공연에서 배우 헬렌 헌트가 출연한 동명의 영화를 주제로 오해와 여성 혐오를 탐구했다. 2012년 더럼 대학에서 정치학 학위를 받고 졸업한 뒤에는 오바마 선거 운동에 참여했다가 런던으로 돌아가 코미디 작업을 시작했다. 2010년 이래 에이미가 제작에 관여한 공연들은 에든버러 페스티벌에서 여러 차례 수상했다.

제이드 아누카 Jade Anouka는 배우로서, 로열 셰익스피어 극단과 영국 국립 극장에서 연기한 경력이 있다. 글로브 극장에서 줄리엣과 오필리어 역으로 무대에 섰고, 돈마르 웨어 하우스 극장과 뉴욕에서는 핫스퍼를 연기했다. 에든버러 페스티벌과 소호 극장에서 공연한 1인극 「셰프Chef」로 무대 연기 우수상을 수상했다. 제이드는 또한 시인으로서, 첫 시집 『토스트 위의 계란*Eggs on Toast*』을 출간한 바 있다.

멜템 아브질 Meltem Avcil은 스물두 살의 여성으로 인권 운동자이자, 학생이자, 파트타임 노동자이자, 누군가의 딸이다. 열세 살의 나이에 어머니와 함께 무고하게 얄스 우드 이민자 추방 센터에 갇혀 인권과 자유를 빼앗기고 범죄자 취급을 받은 이래, 그녀는 인생을 스스로 통제하고 자신의 열정을 따르기로 결정했다.

로라 베이츠 Laura Bates는 〈일상 속의 성차별 프로젝트〉의 창시자이다. 그녀는 『가디언』, 『인디펜던트』, 『타임*Time*』 등 여러 매체에 정기적으로 글을 기고하며 2015년 영국 언론상에서 조지나 헨리상을 수상했다. 로라의 첫 번째 저서 『일상 속의 성차별*Everyday Sexism*』은 워터스톤 서점에서 선정한 올해의 책 후보 및 『북셀러*Bookseller*』에서 선정한 2014년 최고의 논픽션 10선에 포함되었다.

에밀리 벤Emily Benn은 런던 크로이던 지역구 의원으로 2015년 총선에 공천되었다. 그녀는 2010년 열일곱의 나이로 처음 선거에 입후보했다.

버티 브란데스Bertie Brandes는 북런던 햄스테드에서 유년 시절을 보냈고, 2008년 킹 앨프리드 학교를 졸업한 뒤 런던 퀸 메리 대학에서 영문학을 전공하기 시작했다. 대학 시절 그녀는 잡지 『바이스*Vice*』에 〈예쁜 여자 같은 소리 하네Pretty Grial Bullshit〉라는 주간 칼럼을 연재하기 시작했고, 졸업 후에는 전업 패션 에디터로 일하기 시작했다. 2013년 『바이스』를 떠나 현재는 잡지 『아이디*i-D*』의 특집 기고 담당 편집자이다. 또한 젊은 여성을 위한 무광고 독립 잡지 『머시핏*Mushpit*』을 공동 창간하여 편집인으로 일하고 있다.

로지 브리그하우스Rosie Brighouse는 2013년 사무 변호사로서 인권 캠페인 단체 리버티에 합류했다. 리버티에 오기 전 배트 머피 솔리시터스Bhatt Murphy Solicitors를 비롯한 여러 로펌에서 근무했다. 관심 분야는 인권과 형사법 체계, 구금자 및 피해자 인권이다.

레니 에도로지Reni Eddo-Lodge는 작가이자 저널리스트로서 사회 정의와 매니큐어에 관심이 많다. 그녀의 첫 번째 저서 『왜 나는 더 이상 백인들에게 인종 이야기를 하지 않는가 *Why I'm No Longer Talking to White People about Race*』가 2017년 6월 블룸즈버리에서 출간되었다.

준 에릭어도리 June Eric-Udorie는 열여섯 살의 소녀 인권 활동가이자 작가다. 또한 플랜 UK의 아동 자선 고문이자 대사이고, 여성 할례와 아동 조혼을 이번 세대에 근절하기 위해 국제적인 활동을 펴고 있는 청년 집단 #YouthForChange의 패널이기도 하다. 『코스모폴리탄 *Cosmopolitan*』 온라인, 『허핑턴 포스트 *Huffington Post*』, 『가디언』 등에 글을 실었으며 『뉴스테이츠먼 *New Satesman*』에 정기적으로 기고한다. 현재 청년 자선 단체 인티그레이트 브리스톨 Integrate Bristol과 함께 여성 할례 반대 운동을 벌이고 있다. 그녀의 생각이 궁금하다면 트위터 @juneericudorie를 방문하라.

소피 하겐 Sofie Hagen은 스물여섯이라는 나이에 여러 차례의 수상 경력을 자랑하는 덴마크 출신 스탠드업 코미디언이다. BBC 라디오 3의 「더 버브 The verb」, BBC 2의 「앨런 데이비스 아프레 스키 Alan Davies Après Ski」, 코미디 센트럴의 「러셀 하워드의 스탠드업 센트럴 Russell Howard's Stand-up Central」에 출연했고, 현재 『허핑턴 포스트』와 잡지 『스탠더드 이슈 *Standard Issue*』에서 블로그를 운영하며 팟캐스트 「코미디언스 텔링 스터프 Comedians Telling Stuff」를 진행하고 있다. 2015년 포스터스 에든버러 코미디 어워드에서 최고 신인상을 수상했다.

피비 해밀턴존스 Phoebe Hamilton-Jones는 1997년 런던에서 출생했으며 2013년 사우스햄스테드 고등학교의 페미니스트 클럽 FemSoc을 공동 설립했다. 온라인에서 열정적인 페미니스트로 활동하며 독서와 요트, 캠페인 활동과 연극을 사랑하는 그녀는 휴식기를 가진 뒤 대학에 진학하여 영어를 전공할 계획이다.

마이사 하크 Maysa Haque는 캐나다 대초원 출신으로 맥마스터 대학 인문 과학부에 재학 중이다. 교환 학생으로 프랑스에 다녀온 지금은 요르단에서 고전 아랍어를 공부하고 있다. 언어와 이슬람, 젠더학과 페미니즘에 관심이 많으며, 성공하여 박식하고 생산적인 사회 구성원이 되는 것과 고양이를 키우는 것이 꿈이다.

캐럴라인 켄트 Caroline Kent는 소도시의 가톨릭 이모*로 지내다가 텀블러에서 페미니즘을 발견했고, 나머지는 세상에 알려진 대로다. 패션을 공부하면서 벌레스크 댄서로 공연했으며, 지금은 전국 신문에 섹스에 대해 기고하는 동시에 마케팅 커리어를 쌓고 있다.

* *emo*. 이모셔널 밴드를 추종하며 우울하고 펑키한 분위기를 추구하는 서브컬쳐, 혹은 그 문화를 향유하는 사람.

애버게일 맷슨피파드 Abigail Matson-Phippard는 약 3년 동안 지역 강간 위기 센터에서 자원봉사를 했다. 그곳에서 성폭력을 당한 여성 생존자들을 감정적으로 돌보았고, 법무 팀과 함께 형사 재판 과정에서 생존자들을 지원했다.

나오미 미치슨 Naomi Mitchison은 엔지니어링 석사이자 MIET 소속의 전자 엔지니어이며 현재는 Selex-ES의 선임 하드웨어 엔지니어로 일하고 있다. 과학과 기술의 열렬한 옹호자로서 엔지니어링을 보다 폭넓은 공동체에 소개하기 위해 열심히 노력하며 그 공을 인정받아 2015년 올해의 엔지니어링·기술 분야 젊은 여성 엔지니어상을 수상했다.

마사 모스 Martha Moss는 퍼포먼스 예술가로 내면에 잠재된 페미니스트의 목소리를 찾아 2년에 걸쳐 영국을 투어하며 라벨의 제약을 탐구하는 퍼포먼스를 펼쳤다. 그 정점은 제1회 TED×코번트 가든 여성 행사에서 개회 연설을 한 것이었다. 현재는 예술 제작계에서 프리랜서로 일하며 새로운 예술 협동조합 더 스트레인THE STRAIN의 감독직을 맡고 있다.

야스 네카티 Yas Necati는 열여덟 살의 페미니즘 운동가이자 캠페인 활동가로서 페이지 3 폐지를 비롯해 성과 연애에 대한 교육 개선을 요구하는 여러 운동에 참여하고 있다. 고양이와 시, 브라우니를 좋아한다. yasnecati.com에서 그녀를 만날 수 있다.

루이즈 오닐 Louise O'Neill은 아일랜드 웨스트코크의 작은 마을 클로나킬티에서 성장했고, 더블린의 트리니티 칼리지에서 영문학을 전공한 뒤 더블린 기술 연구소에서 패션 구매 대학원 과정을 수료했다. 2010년에 뉴욕으로 이주하여 1년간 『엘르*Elle*』에서 근무했다. 그녀의 데뷔 소설 『온리 에버 유어스』는 2014년 보드 가이즈 에너지 아일랜드 북 어워드에서 선데이 인디펜던트 신인상을 수상했고, 또한 『북셀러』의 첫 YA 소설상과 에일리스 딜런 아일랜드 어린이 책상을 수상했다. 2015년 두 번째 소설 『애스킹 포 잇*Asking for It*』을 출판했다.

로라 팽크허스트 Laura Pankhurst는 하트퍼드셔에서 유년기를 보내며 매년 두 번째 고향인 에티오피아를 방문했다. 아주 어려서부터 페미니즘 운동에 참여했으며 현재 케임브리지 대학에서 법을 공부하고 있다.

사미라 섀클 Samira Shackle은 프리랜스 저널리스트로서 국제 관계, 정치, 인종, 젠더에 관한 글을 쓴다. 한때 『뉴 스테이츠먼』 전속 작가로 1년 동안 파키스탄에서 일했고 인도, 방글라데시, 케냐에서도 기자 활동을 펼쳤다. 2014년에 MHP 커뮤니케이션스에서 선정한 30세 이하 최고의 영국인 저널리스트에 꼽혔다.

타니아 슈 Tania Shew는 서식스 대학 역사학과 3학년 학생이다. 캠던 여학교 페미니스트 클럽의 회원으로 활동했고, 자선 단체 UK 페미니스타의 교육 속 페미니즘 분야 자문을 맡았으며 잡지 『페미니스트 타임스』의 편집 위원으로 일했다.

앨리스 스트라이드 Alice Stride는 비라고 출판사에서 개최한 공모전에 당선되어 『페미니즘의 50가지 그림자』에 실린 에세이 「수풀 살리기」로 페미니스트 저술을 시작했다. 네 남매와 함께 자란 덕에 말이 아주 빠르다. 치즈와 「데저트 아일랜드 디스크Desert Island Discs」*를 사랑하며, 둘을 동시에 즐기는 것이 그녀의 이상적인 여가다. 현재 여성과 아동에 대한 가정 폭력을 종결시키려는 국가 자선 단체 위민스 에이드에서 일하고 있다.

하자르 J. 우들랜드 Hajar J. Woodland는 런던에 거주하는 가수이자 카피라이터이다.

지난 유니스 Jinan Younis는 케임브리지 대학에서 신학을 공부하는 학생으로 2013년에 교내 페미니즘 활동으로 리버티 인권상의 크리스틴 잭슨 청년상 부문을 수상했다. 대학 내 젊은 여성들이 마주한 문제들에 대해 광범위하게 저술 중이며, 앞으로도 여성 인권 분야에서 일하기를 희망한다.

* 무인도에 떨어진다면 가져갈 앨범을 주제로 진행하는 영국의 라디오 프로그램.

더하여 우리의 두 편집자를 소개하자면,

레이철 홈스 Rachel Holmes는 BBC 라디오 4「금주의 책 Book of the Week」코너에서 연재되었으며 제임스 테이트 블랙상 후보에 오른『엘레아노어 마르크스의 인생 *Eleanor Marx: A Life*』의 저자다. 그 밖에도『사르키 바트만 *Hottentot Venus: The Life and Death of Saartjie Baartman*』,『제임스 배리 박사의 비밀스러운 삶 *The Secret Life of Dr James Barry*』등을 썼다. 현재 옥스퍼드 대학 맨스필드 칼리지의 객원 문학 선임 연구원으로 있다. 2018년 블룸즈버리에서 실비아 팽크허스트 평전을 출간할 예정이다.

빅토리아 페프 Victoria Pepe는 런던에 거주하는 편집자이자 문학 스카우터다.

글 저작권

「우리 세대의 이야기」 (C) Tania Shew 2015

「로티 카마나: 어떤 생존담」 (C) Samira Shackle 2015

「나는 팔꿈치로 스스로를 페미니스트라 부른다」 (C) Amy
　　Annette 2015

「전형적인 엔지니어」 (C) Naomi Mitchison 2015

「이슬람이 내 페미니즘이요, 페미니즘이 내 이슬람이다」 (C)
　　Maysa Haque 2015

「천장을 응시하며: 예스/노 너머의 문제」 (C) Abigail Matson-
　　Phippard

「인권법을 지켜 내야 할 이유: 여전히 투쟁하고 있는 아이들
　　과 어머니들을 위해」 (C) Rosie Brighouse 2015

「당신은 스트리퍼거나, 제모를 합니까?」 (C) Bertie Brandes
　　2015

「연결이 전부다」 (C) Laura Bates 2015

「까다롭고 사귀기 어려운 연애 칼럼니스트」 (C) Caroline
　　Kent 2015

「쓰레기처럼 굴 권리」 (C) Isabel Adomakoh Young 2015

「착한 여자는 이제 안녕」 (C) Phoebe Hamilton-Jones 2015

「말이 뭐라고」 (C) Martha Mosse 2015

「나는 왜 스스로를 페미니스트라 부르는가」 (C) Meltem Avcil
　　2015

「남성이 페미니즘을 위해 할 수 있는 일」 (C) Reni Eddo-
　　Lodge 2015

도움 주신 분들과 글

Caitlin Moran, *How to Be a Woman* (Ebury Press, 2011)

Mia Hamm

Nora Ephron, Commencement Address for Wellesley College, 1996

Adela Pankhurst, *Rebel Girls: How Votes for Women Changed Edwardian Lives* by Jill Liddington (Virago, 2006)

Chimamanda Ngozi Adichie, *Americanah* (Fourth Estate, 2014)

Shulamith Firestone, *The Dialectic of Sex* (Quill, 1970)

Tina Fey, *Bossypants* (Sphere, 2011)

Katharine Hepburn

Ellen DeGeneres, *Seriously I'm Kidding* (Grand Central Publishing, 2011)

Marian Anderson

Roseanne Barr

Natasha Walter, *Living Dolls* (Virago, 2010)

Malala Yousafzai, the *Guardian*, 25 August 2014

Kate Mosse, the *Huffington Post*, 19 September 2014

Jenny Eclair, the *Scotsman*, 24 May 2011

Sarah Millican, *Dave's One Night Stand*, 2010, reproduced by kind permission

E. Lockhart, *The Disreputable History of Frankie Landau-Banks* (Disney-Hyperion, 2009)

Maya Angelou, *Rainbow in the Cloud* (Virago, 2014)

Susie Orbach, *Fat is a Feminist Issue* (Arrow, 1978), reproduced by kind permission of The Random House Group Ltd

Charlotte Church, John Peel Lecture 2013, reproduced by kind permission

Jo Clifford, playwright, www.teatrodomundo.com, reproduced by kind permission. Extract from her talk at the Edinburgh International Book Festival event 'Why I Call Myself A Feminist', 30 August 2015

Paris Lees, the *Guardian*, 18 January 2013

Gloria Steinem, reproduced by kind permission

Kathleen Hanna, interview with Jacki Lydon, www.npr.org, 2014 (National Public Radio)

Kimberlé Crenshaw, 'Mapping the Margins: Identity Politics and Violence Against Women of Color' from *The Public Nature of Private Violence,* edited by Martha Albertson Fineman and Roxanne Mykitink (Routledge,1994)

Rebecca West

Claire Messud, interview with Jacki Lydon, www.npr.org, 2013

Katharine Hepburn

Mary Wollstonecraft, *A Vindication of the Rights of Woman* (Joseph Johnson, 1792)

G. D. Anderson

Amy Poehler, *Yes Please* (Picador, 2014)

Jessica Valenti, *Full Frontal Feminism: A Young Woman's Guide to Why Feminism Matters* (Seal Press, 2007)

Bridget Christie, *The List* (22 July 2014), reproduced by kind permission

Tina Fey, *Bossypants* (Little, Brown, 2011)

Charlotte Perkins Gilman, *Women and Economics* (Small, Maynard & Company et al, 1898)

Annie Lennox, *Cosmopolitan*, 7 March 2012

Maya Angelou

Margaret Atwood, quoted by Margaret Joe, Yukon Legislature, 5 December 1990, Hansard

Mary Shelley

Marianne Moore, 'Roses Only', *Complete Poems* (Faber & Faber, 2003)

Sandi Toksvig, the *Guardian*, 6 December 2009

Mindy Kaling, *Is Everyone Hanging Out with Me?* (Ebury Press, 2011)

Mae West

Charlotte Brontë, *Jane Eyre* (Smith, Elder and Company, 1847)

Marina Keegan, *The Opposite of Loneliness* (Simon and Schuster, 2014) Copyright © 2014 by Tracy and Kevin Keegan.All rights reserved. Reproduced by kind permission of Scribner, a Division of Simon & Schuster, Inc.

Toni Morrison, *Home* (Chatto and Windus, 2012)

L. M. Montgomery, *Anne of Green Gables* (M. A. and W. A. J. Claus, 1908)

North American fairy tale, *Angela Carter Book of Fairy Tales* (Virago, 2005)

Jeanette Winterson, *Oranges are Not the Only Fruit* (Pandora Press, 1985), extract reproduced by kind permission of Peters Fraser & Dunlop (www.petersfraserdunlop.com) on behalf of Jeanette Winterson

Malala Yousafzai, the *Guardian*, 7 October 2013

Susie Orbach, *Fat is a Feminist Issue* (Arrow Books, 1978), reproduced by kind permission of The Random House Group Ltd

Sojourner Truth, 'Ain't I a Woman?', *Truth's Narrative*, 1875

Michelle Obama, G20 Summit speech to pupils at Elizabeth

Garrett Anderson School, Islington, London, 2 April 2009

Joseph Gordon-Levitt, *Ellen: The Ellen Degeneres Show*, 9 January 2014

Michelle Horton, www.parenting.com, www.mom.me, www.EarlyMama.com, reproduced by kind permission

Amy Poehler, *Yes Please* (Picador, 2014)

Mary Wollstonecraft, *Maria, or The Wrongs of Women* (William Godwin, 1798)

Michelle Horton, www.parenting.com, www.mom.me, www.EarlyMama.com, reproduced by kind permission

Waris Dirie, Desert Flower Foundation speech www.desertflowerfoundation.org.en

Amy Schumer, Gloria Awards and Gala speech, May 2014

Margaret Atwood, *The Robber Bride* (Virago, 1994)

Cornelia Otis Skinner

Donald McPherson, *CNN*, 7 March 2013

Roxane Gay, *Bad Feminist* (Corsair, 2014)

Elif Shafak, 'Lazy Summer Afternoon', *Fifty Shades of Feminism* (Virago, 2013)

Maya Angelou, *Letter To My Daughter* (Virago, 2008)

E. Lockhart, *The Disreputable History of Frankie Landau-Banks* (Disney-Hyperion, 2009)

Kate Bolick, *Spinster* (Corsair, 2015), reproduced by kind permission

Chimamanda Ngozi Adichie, *We Should All Be Feminists* (Fourth Estate, 2014)

Doris Lessing, *The Golden Notebook* (Grafton, 1973)

Louisa May Alcott, *Little Women Wedded* (Sampson Low, Marston & Co, 1942)

Erica Jong, *Fear of Flying* (Grafton, 1974)

Jessica Valenti, *Full Frontal Feminism: A Young Woman's Guide to Why Feminism Matters* (Seal Press, 2007)

Oxford Online Dictionary, www.oxforddictionaries.com/definition/english/virago

Kate Nash, katenash.tumblr.com, reproduced by kind permission

Eleanor Catton, the *Guardian*, 16 October 2013

Simone de Beauvoir, *Force of Circumstance* (André Deutsch, 1965)

Virginia Woolf, *A Room of One's Own* (Hogarth Press, 1929)

Gloria Steinem, reproduced by kind permission

Joss Whedon, 'Equality Now' speech, 15 May 2006

The Dalai Lama, International Freedom Award acceptance speech, Memphis, United States, 23 September 2009

Naomi Wolf, *The Beauty Myth* (Chatto and Windus, 1990)

Erin McKean, 'You Don't Have to Be Pretty', 20 October 2006, www.dressaday.com

Jane Austen, *Persuasion* (John Murray, 1818)

Dame Judi Dench, voice-over for the equals.org video
  marking International Women's Day, featuring Daniel
  Craig and directed by Sam Taylor-Wood, 5 March 2011
Eva Figes, *Patriarchal Attitudes* (Virago 1978)
Siri Husvedt, 'Underground Sexism', *Fifty Shades of Feminism* (Virago, 2013), reproduced by kind permission
Joan Bakewell, 'If I Couldn't be a Man', *Fifty Shades of Feminism* (Virago, 2013), reproduced by kind permission
Lucille Ball

옮긴이의 말

어릴 적 나는 세상을 내 몸으로 직접 경험하기 전에 책으로 먼저 읽었는데, 그중 아버지가 빌려다 준 고전 선집이 커다란 부분을 차지했다. 방구석에 배를 깔고 엎드려 책을 읽으면서 나는 나의 세상이 넓어지고 있다고 믿었다. 〈나이를 먹으면 당당히 걸어 나가 나의 여정을 시작하리라.〉 그러나 나이를 먹을수록 세상은 내가 자유롭게 탐험하고 만끽할 수 있는 것이 아니라는 사실이 분명해져 갔다. 세상은 넓지만, 여자의 것이 아니라는 걸 나는 아직 몰랐다. 많은 경우, 나는 고작 여자였기에 소설 속 모험의 주인공이 아니라 그가 연정을 품었다가 마음대로 실망하는 대상, 성녀거나 창녀, 어머니거나 자매였다.

비단 책뿐이었으랴. 매일 접하는 대중문화와 주변

사람들의 이야기는 멋진 세상을 보여 주는 동시에 섭섭하게도 나를 좁은 틀 안에 가두었다. 〈세상은 이렇게 멋지지만, 너는 조신하고 얌전한 여자아이여야 해.〉 〈세상은 이렇게 넓지만, 그중 네 몫은 한구석뿐이야.〉 한때 나는 말 잘 듣는 아이였으므로 권위의 목소리가 들려주는 여자에 대한 말들을 고분고분 믿고자 했다. 〈여자의 적은 여자다, 여자의 행복은 남자의 행복과 다르다, 여자는 예뻐야 한다.〉 그러나 나는 여자임에도 예뻐지는 데 노력을 쏟기보다 다른 일을 하고 싶었고, 내 친구들도 여자였지만 나의 적이 아니었다. 가끔은 숨이 막힐 것 같았고 가끔은 화가 났다. 나는 여자들은 수학 문제를 풀 시간에 다리 마사지를 하는 게 낫다는 선생님에게, 여학생들은 체육 시간에 나가지 말고 교실에서 쉬라는 선생님에게 대들었다가 네가 아직 세상을 모른다는 타이름을 듣기도 했다. 하지만 나는 한 가지만큼은 확실히 알아 가고 있었다. 세상은 분명 여자의 것이 아니었다. 그때 막연하게 느낀 부조리들 앞에서 나는 외로웠다. 아무도 내 편을 들어 주지 않을 때 내 고민들이 얼마나 사소하고, 무시받아 마땅한 것으로 여겨졌는지! 내가 등대로 삼았던 책들 속에 나와 동일시할 대상이 없다는 것이 얼마나 막막했는지!

지금 모두가 지치지 않고 페미니즘을 이야기하는 것은 이런 답답함을 공유한 여성들이 결국 폭발했기 때문일 테다. 클레어 메수드는 여성이 억누르고 있던 분노에 대해 말했다. 〈뚜껑을 열면, 우리는 어디로 가게 될까?〉 우리는 입을 열었다. 우리는 이제 알기 때문이다. 직접 표현하지 않으면, 남이 우리를 표현한 틀 안에 갇히게 된다. 뚜껑을 연 우리가 어디로 가고 있느냐고? 보다 평등한 세상을 향해 가고 있다. 목소리를 낼 수 있는 것은 특권이다. 과거 여성에게 웬만해선 주어지지 않았던 그 특권을 이 책에서 많은 〈보통 여자〉들이 기꺼이 사용하고 있다. 그들의 생생한 목소리를 읽는 건 참 짜릿하고, 반가운 경험이었다.

『나는 스스로를 페미니스트라 부른다』의 필진 스물다섯 명에겐 공통점이 몇 없다. 30세 미만이다, 여성이다, 스스로를 페미니스트로 칭한다. 그리고 기꺼이 그 사실을 소리쳐 말하고자 한다. 그 정도가 다일 것이다. 서프러제트로 알려진 여성 사회 정치 동맹을 결성한 실비아 팽크허스트의 증손녀 로라 팽크허스트나, 열일곱 살에 노동당 후보로 선출된 이래 10년 이상 정치 활동을 계속하고 있는 에밀리 벤, 코미디언 소피 하겐처럼 이름난 사람들도 있으나 대부분은 길거리에서 스쳐 지나갈 법한 〈보통 여자〉다. 법조인, 회사원, 엔지니어, 작가, 공연 예술가, 카피라이터……. 그들은 서로 결이 다른 삶을 살고 있기에 여자로, 또 페미니스트로 사는 것에 관해 각양각색의 이야기를 들려줄 수 있다. 가장 명확한 젠더 폭력인 산(酸) 테러 생존자들에 관한 글과, 뚜렷한 경계를 그리기가 가장 어려운 데이트 폭력에 대한 글은 폭력의 스펙트럼을 어떻게 받아들여야 할지 생각하게 해준다. 강하고 성공한 여성에 대한 우상화가 어떻게 여성을 다시 억압하는지 예리하게 통찰하는 사람도 있고, 인권법 이야기를 하는 법조인이 있는가 하면, 교내 페미니스트 클럽 이야기를 하는 학생도 있다. 히잡을 쓰고 벗는 것의 정치학과, 이민자로서 겪은 두 사회의 페미니즘에 대한 글은 지금 여기에 얽매인 우리의 시야를 넓혀 준다. 이들이 들려주는 이야기는 들쑥날쑥하고 때로는 상충하기도 하지만, 하나에 관해서만은 뜻을 같이한다. 페미니스트로 사는 것은 어렵지만 중요하고, 페미니스트라는 라벨은 세간의 믿음과 달리 아직 유효하며 필요하다. 세상은 아직도 불평등하고,

페미니즘이 없이 우리는 자유롭지 못하기 때문에.

이 책에서 특히 귀에 꽂히는 것은 10대 후반에서 20대 초반 학생들의 목소리다. 〈외침〉이라고 해도 좋을 것이다. 16세의 준 에릭어도리, 18세의 야스 네카티, 고등학생인 피비 해밀턴존스, 대학생 마이사 하크, 지난 유니스, 타니아 슈는 누구보다도 절실히 페미니즘을 필요로 한다. 청소년은 기성 사회의 부조리를 온몸으로 예민하게 느끼는 세대다. 먼 나라 일인가 하면, 그렇지 않다. 한국에서도 지난 11월 대학 수학 능력 시험이 끝나자마자 10대 페미니스트들이 발언대에 서서 학교에서의 성차별과 여성 혐오에 대해 소리 높여 발언했다. 우리나라 청소년들이 얼마나 성평등을 원하는지, 지금껏 부모와 교사의 말을 묵묵히 들어야만 했던 문제에 대해 얼마나 목소리 내기를 갈망하는지 보여 주는 사례다. 「여자치고 잘했다는 말이 충분하지 않은 이유」에서 하자르 우들랜드는 남성이 여성보다 우월하다는 믿음을 처음 흔든 것이 페미니스트 선생님의 한 마디였다고 말한다. 그것이 그녀가 내면화된 여성 혐오에 의문을 제기한 첫 발걸음이었다.

〈나는 항상 지금 만나는 이 아이가 자기 인생에서 처

음이자 마지막인 페미니스트 교사를 경험하고 있는 중일지도 모른다는 심정으로 아이들과 대화한다〉라고 말한 교사가 있었다. 지난 2017년 9월 인터뷰에서 페미니즘 교육의 필요성을 언급했다가 네티즌으로부터 비난 공세를 받고 나아가 보수 단체에서 고발까지 당한 최현희 교사다. 물론 그의 편에 선 이들도 많았고, 필연적으로 이는 학교에서 페미니즘 교육이 필요한가에 대한 갑론을박으로 이어졌다. 비판하는 일각에서는 페미니즘을 〈사상 교육〉이라고 불렀다. 그러나 성소수자나 여성에 대한 혐오 발언과 젠더에 대한 편견이 난무하는 교육 현장에 대한 그녀의 묘사에서 엿볼 수 있듯, 그리고 이 책에서 〈보통 여자〉들이 털어놓는 삶의 경험에서 분명히 느껴지듯, 페미니즘은 사상이 아니라 오히려 생존과 직결된 문제다. 페미니즘이 없다면 여성들은 자신의 모습 그대로 존재할 허가를 받지 못한다. 페미니즘은 여성의 삶에 유의미하며 〈산소처럼, 식수처럼〉 필요한 것이다. 젊은 여성들에겐 힘이 있다. 사회에 대한 예리한 시선으로 스스로를 바꾸고, 사회를 바꿀 힘이 있다. 교사의 한마디가 세계관을 바꾸었듯 이 책 또한 독자의 지친 믿음을 흔드는 책이, 부조리에 의문을 제기해도 괜찮다고 말해 주는 책이, 무엇보다도 당신은 혼자가 아니라고 말해 주는 책이 되었으면 하는 바람이다.

「나는 팔꿈치로 스스로를 페미니스트라 부른다」를 쓴 에이미 애넷은 우리가 세상에서 당당하게 물리적 공간을 차지하는 것이 얼마나 중요한지 말한다. 〈나는 스스로를 페미니스트라 부른다〉라고 소리 내어 말해 보자. 조금이라도 속이 시원해졌다면, 이제 두 팔을 쫙 벌려 세상 속 내 공간을 주장해 보자. 그렇게 한 발짝 더 자유로워져 보자. 〈나는 스스로를 페미니스트라 부른다〉라는 선언은 침묵을 깨고, 목소리를 내고, 타인이 바라는 내가 아닌 내가 바라는 나 자신으로서 살아가게 하는 주문이다. 그건 사소하고 하찮은 불평일 뿐이라는 말로 무시되어 온 일상 속 부조리와 대결할 용기이며, 자신만의 페미니즘을 찾아 나선 모험의 안내자가 되어 줄 나침반이다.

옮긴이 **박다솜** 서울대학교 언어학과를 졸업했으며 굴지의 기업체에서 근무했다. 옮긴 책으로는 『여자다운 게 어딨어』, 『독립 수업』, 『만슈타인』, 『나는 뚱뚱하게 살기로 했다』, 『관찰의 인문학』, 『거꾸로 생각하기』, 『놀란 라이언의 피처스 바이블』, 『진정한 뉴욕을 만나는 로컬푸드 여행가이드』, 『진정한 런던을 만나는 로컬푸드 여행가이드』, 『암호 클럽』 1~6권 등이 있다.

나는 스스로를 페미니스트라 부른다

발행일 **2018년 2월 5일 초판 1쇄**

엮은이 빅토리아 페프, 레이철 홈스, 에이미 애닛,
마사 모스, 앨리스 스트라이드
옮긴이 박다솜
발행인 홍지웅 · 홍예빈
발행처 주식회사 열린책들

경기도 파주시 문발로 253 파주출판도시
전화 031-955-4000 팩스 031-955-4004
www.openbooks.co.kr

Copyright (C) 주식회사 열린책들, 2018, *Printed in Korea.*
ISBN 978-89-329-1875-4 03300

이 도서의 국립중앙도서관 출판예정도서목록(CIP)은 서지정보유통지원시스템 홈페이지(http://seoji.nl.go.kr)와 국가자료공동목록시스템(http://www.nl.go.kr/kolisnet)에서 이용하실 수 있습니다.(CIP제어번호: CIP2018001049)